L'ART D'EXPRIMER SON DÉSACCORD

SANS SE FÂCHER

L'ART D'EXPRIMER SON DÉSACCORD

SANS SE FÂCHER

Nathan Uyttendaele
Illustré par Adelinaa

Belin

ISBN : 978-2-410-01774-8
Dépôt légal : septembre 2020

170 bis, boulevard du Montparnasse, 75680 Paris cedex 14

Sommaire

Préambule

Près de 8 milliards d'êtres humains cohabitent sur la planète au moment où je rédige ces lignes. Tous perdus dans ce vaste univers, en quête de vérité et de réponses sur la nature profonde des choses, le sens de la vie ou tout simplement le pourquoi de leur existence.

Accéder à la vérité du monde et réussir à le voir pour ce qu'il est vraiment n'est pas une entreprise facile. Des millions s'y cassent les dents chaque semaine et s'engagent sur des voies de garage sans même le réaliser. Ils se retrouvent alors à croire les choses les plus absurdes et fausses, parfois durant des années avant de réaliser leur erreur, parfois toute leur vie sans jamais se remettre en question.

Ne croyez pas, cher lecteur ou chère lectrice, que vous n'êtes pas et ne serez jamais dans ce cas. Vous avez beau affirmer haut et fort votre refus de traverser la vie en croyant des balivernes, les chances sont grandes que vous soyez déjà dupe de bien des charlatans et croyances foireuses en désaccord avec la réalité. Mais ce n'est pas une fatalité. Il est encore temps de vous en sortir et d'apprendre à faire moins d'erreurs à l'avenir.

Comment au juste? Mon premier conseil, évitez de vous reposer de façon déraisonnable sur vos sens et vos expériences personnelles. Seuls, ces derniers ne constituent pas de bonnes boussoles dans votre quête de la vérité. En effet, en plus d'être imprécis, vos sens vous trompent souvent. Pas convaincu ? Prenez ce simple exemple, le damier ci-après est parfaitement rectiligne et pourtant nous le percevons comme étant gondolé. En suivant vos sens et rien d'autre dans cette situation, l'échec est garanti. Mais si vous prenez l'habitude de combiner vos sens à un outil de mesure fiable et à faire preuve d'une très grande prudence dans vos conclusions en cas de désaccord entre votre ressenti et ce que l'outil raconte, alors le succès vous attend.

Se reposer de manière déraisonnable sur vos sens et vos expériences personnelles n'est pas la seule chose qui vous pousse à faire des erreurs. Mon second conseil : réalisez que

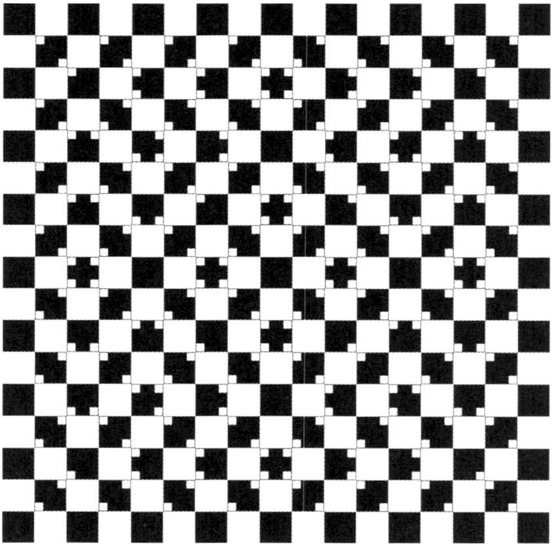

vous avez besoin des autres. Ne pensez jamais que vous êtes parfaitement capable de mener vos recherches sans aucune aide extérieure, c'est-à-dire agir comme si vous étiez la seule personne au monde à avoir le temps, la méthode et l'énergie pour séparer le vrai du faux.

Notre planète est vaste et la plupart d'entre vous n'en verront jamais plus que quelques villes et paysages de leurs propres yeux, une fraction infime de tout ce qui s'y trouve. L'immensité même de l'Univers dans lequel elle se trouve dépasse l'entendement. D'ailleurs, aucun être humain ne s'est éloigné de la Terre de plus de 384 400 kilomètres à ce jour (c'est la distance entre Terre et Lune), une bien petite distance en comparaison des 150 000 000 kilomètres séparant la Terre du Soleil et des 250 000 000 000 000 000 kilomètres séparant le Soleil du centre de la galaxie.

Que cela vous plaise ou non, décrypter le monde et le comprendre nécessite de collaborer, parce qu'un seul être humain ne pourra jamais à lui seul espérer percer tous les secrets de l'Univers. Se couper du monde, en particulier de ceux qui ne vont pas dans le sens de ce que vous pensez, est la meilleure façon de rater de nombreuses informations et de finir sur une voie de garage. Tout comme vous utilisez trains, avions ou voitures pour vous déplacer plus loin et plus vite que les muscles de vos jambes pourraient le faire, il vous faut utiliser le cerveau des autres pour pousser la

réflexion plus loin et plus vite que là où votre propre cerveau serait capable de nous emmener.
Comment faire usage de l'intelligence des autres pour avancer soi-même tout en les laissant utiliser votre propre intelligence pour avancer ? Pour cela, rien de mieux que de plonger dans les débats. Et cela, aussi simplement qu'en parlant et en écoutant les autres.
Lorsque vous vous engagez dans une discussion ou dans un débat, il faut extraire du cerveau des autres les possibles morceaux de vérité que vous n'avez pas eu le temps de produire vous-même, mais il faut aussi laisser l'occasion à autrui de faire pareil avec vous et de pointer vos possibles erreurs. Malheureusement, cela ne s'improvise pas et, trop souvent, les débats échouent à gagner la moindre hauteur, virant aux insultes, aux moqueries et aux guerres de tranchées.

« VA TE FAIRE FOUTRE, PETITE MERDE »

Anno 2020, la qualité des débats entre individus est, en général, catastrophique. Bien que loin d'être les pires exemples, de nombreux politiciens montrent à chaque élection ce qu'il ne faut pas faire, et ce devant des millions de spectateurs. Les arguments sont mauvais, le fond est oublié, les mensonges et approximations douteuses sont légion et la société ressort plus divisée que jamais après chaque élection. La chanson se répète durant les nombreux repas de famille et les réunions au travail, mais également autour d'un verre entre amis ou au sein des couples.

En a-t-il toujours été ainsi ou débattions-nous mieux il y a quelques décennies ? Exprimions-nous notre désaccord face aux croyances et aux idées des autres d'une façon plus productive durant l'Antiquité ? Si la volonté d'améliorer les choses n'est certainement pas nouvelle, le fait que nous soyons tous reliés les uns aux autres par Internet est une première dans l'histoire de notre espèce. Cette révolution technologique, qui nous donne accès à une quantité affolante d'autres cerveaux, rend le besoin d'apprendre à mieux débattre d'autant plus criant. Nous nous devons de faire d'Internet quelque chose de plus intéressant qu'un lieu où des êtres humains situés à 1 000 kilomètres de fibre optique les uns des autres se traitent de petites merdes.

Après avoir moi-même contribué à faire tourner de nombreux débats au fiasco sans le vouloir, j'ai fini par développer un précieux outil qui ne m'a plus quitté depuis et qui a changé ma vie : la cible de Graham, inspirée d'un essai du scientifique Paul Graham. J'ai eu la chance de présenter ce nouvel outil à deux reprises lors du mois de mai 2019, d'abord à Avignon lors de l'événement *Pint of Science* local (merci Sébastien qui se reconnaîtra !) puis au centre de Bruxelles grâce à Jérémy Royaux, l'organisateur de *Sceptiques dans un pub, Bruxelles*.

L'intérêt suscité alors par la cible m'a poussé à la présenter en détail dans une vidéo de 20 minutes sur ma chaîne YouTube, *Chat Sceptique*, et à rédiger le présent livre, destiné à tous et à toutes, des plus jeunes aux moins jeunes, car il n'y a pas d'âge pour apprendre à mieux débattre ni pour s'initier à la pensée critique.

La cible de Graham, présentée en détail dans la première partie de ce livre, n'est toutefois pas suffisante pour bien débattre. Il s'agit d'une classification pratique des formes de désaccords lors d'un débat, poussant les débatteurs à exprimer leurs arguments de la façon la plus productive possible. Mais elle ne pourra pas vous sauver de vous-même, cher lecteur, si ce que vous considérez comme un argument convaincant n'est pas un bon argument.

Voici un exemple de mauvais argument arbitrairement choisi : l'appel à l'exotisme consiste à miser sur l'exotisme et le caractère lointain ou « primitif » d'un peuple pour valider une de leurs coutumes, une de leurs médecines, etc. Nous pourrions alors entendre : « J'asperge mes champs de fruits et légumes avec de l'urine de cheval une fois par semaine, une technique qui vient tout droit de la tribu des Pieds-Rouges en Amérique latine ! » Hélas, le fait que cette pratique provient d'une contrée exotique n'offre aucune garantie qu'elle ne soit pas absurde et sans aucune utilité.

La cible de Graham ne peut pas non plus sauver d'eux-mêmes les participants à un débat qui échangent sur un sujet qu'aucun d'entre eux ne maîtrise. Peu importe la conclusion atteinte par des débatteurs utilisant la cible de Graham pour discuter de la forme de la Terre (plate, ronde ou en forme de sapin de Noël), si ces personnes ne maîtrisent pas les bases de la physique et des mathématiques et commettent de grossières erreurs de logique, cette conclusion a de fortes chances d'être fausse, même si les concernés ressortent du débat très heureux.

À défaut de remettre à niveau le lecteur en physique, plomberie, mathématiques, biologie, nutrition, géologie, santé, chimie, menuiserie ou encore cordonnerie, ce livre tâchera dans sa seconde partie de familiariser le lecteur avec les arguments faussement convaincants les plus classiques.

Je ne sais pas si ce livre fera évoluer vos débats, mais j'espère que sa lecture ouvrira au moins les yeux de ceux qui ont été assez fous pour m'accorder quelques heures de leur temps.

PARTIE I

LA CIBLE DE GRAHAM

VISEZ LE CENTRE DE LA CIBLE

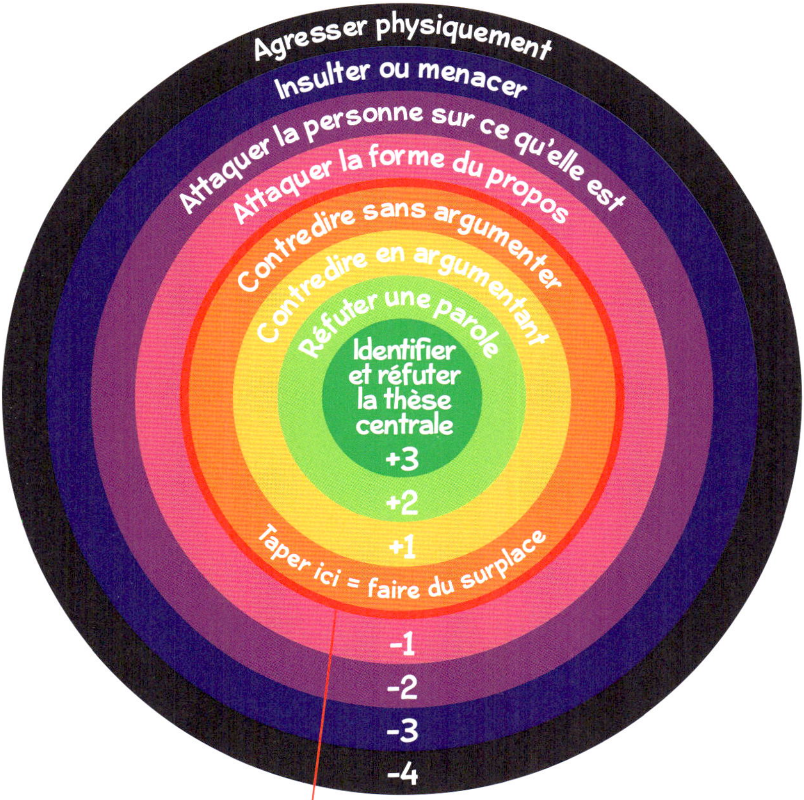

CHAQUE FOIS QUE VOUS TAPEZ AU-DELÀ DU CERCLE ROUGE
UN CHATON MEURT

LE NOIR

L'AGRESSION PHYSIQUE

Vous arrive-t-il de vouloir casser la gueule de votre interlocuteur à l'issue d'un échange un peu houleux ? Vous n'êtes pas quelqu'un de mauvais pour autant et vous n'êtes certainement pas le seul. Il s'agit d'une tendance largement répandue dans la population et je ne pense pas prendre de risque en avançant qu'elle est tout à fait naturelle. Elle n'est cependant pas désirable. Quantité de choses, comme le cancer, la peste ou les tremblements de terre, sont tout aussi naturelles et nous cherchons en permanence à les éradiquer ou, au moins, à en combattre les effets négatifs.

En tant que penseur critique, il m'a rapidement semblé que réagir par la violence face à quelqu'un défiant mes croyances était contre-productif dans ma quête de vérité sur ce monde. Il semble bien plus enrichissant de partir du principe que celui qui remet en question ce que vous pensez pourrait avoir raison de le faire. Ce n'est pas une simple question d'humilité, mais une manière d'atteindre les objectifs que je me suis fixés : voir le monde tel qu'il est vraiment et ne pas vivre dans un mensonge ou un conte de fées.

Même si votre interlocuteur est insultant, réagir par l'agression physique, c'est faire couler les choses encore plus bas et toucher le fond. Dans la hiérarchie des différentes manières d'exprimer son désaccord offerte par la cible de Graham, l'agression physique est de loin la pire. Frapper ici vous rendra très vite infréquentable et vous verrez la vérité vous échapper.

LE CAS DE RAIF BADAWI

Raif Badawi est un blogueur saoudien qui milite pour la libéralisation morale de son pays. Nombre de ses propos en ligne – il défendait par exemple l'égalité des droits entre les chrétiens et les musulmans – ont déplu aux autorités saoudiennes qui ont renoncé à la possibilité d'un débat constructif en se tournant plutôt vers la répression. Elles ont ainsi fait arrêter Raif Badawi pour insulte à l'islam et apostasie [1], chef d'accusation menant directement à une peine de mort dans son pays. En 2014, après plusieurs rebondissements, il est finalement condamné à 10 ans de prison et 20 sessions de 50 coups de fouet. La même année, son avocat, Waleed Abulkhair, est condamné à 15 ans de prison et 30 ans d'interdiction de voyager [2].

L'arrestation de Raif Badawi a fait beaucoup de bruit sur la scène internationale et a valu à l'Arabie saoudite ce commentaire d'Amnesty International dès 2012 : « Raif est détenu pour avoir simplement exercé son droit à la liberté d'expression. Même pour un pays comme l'Arabie saoudite où règne une forte politique répressive, c'est aller

1. L'apostasie est l'acte de renoncer publiquement à une croyance, doctrine ou religion.
2. Officiellement, Waleed Abulkhaire n'est pas condamné pour avoir défendu Badawi, mais bien pour avoir fondé une organisation de défense des droits humains sans y avoir été autorisé, « sapant le régime et ses représentants ».

beaucoup trop loin que de chercher la condamnation à mort d'un activiste dont le seul crime est de stimuler le débat en ligne. »

Raif Badawi a reçu ses premiers coups de fouet le 9 janvier 2015 devant des centaines de spectateurs à Jeddah et son état de santé s'est considérablement dégradé. Ensaf Haidar, sa femme, a dû fuir au Canada. Le 22 janvier 2015, une pétition réclamant la libération de Raif a récolté près d'un million de signatures. Les États-Unis, l'Europe et de nombreux autres pays ont exprimé leur soutien au blogueur et à sa famille mais à ce jour, les autorités saoudiennes n'ont pas plié et Raif est toujours emprisonné.

En 2016, peut-être en soutien indirect à Raif, le sceptique néerlandais Arjen Lubach compare l'Arabie saoudite et l'organisation terroriste État islamique. Il note ainsi les points communs suivants :

– le blasphème amène à la peine de mort,
– l'homosexualité amène à la peine de mort,
– l'adultère est puni de la peine de mort par lapidation,
– le mariage des enfants est autorisé,
– une personne ayant volé à l'étalage est punie par amputation de la main,
– les dirigeants ne sont pas élus démocratiquement (des élections au niveau municipal existent toutefois depuis 2005 en Arabie saoudite).

Le saviez-vous ?

L'Arabie saoudite est l'un des huit pays à ne pas avoir signé la Déclaration universelle des droits de l'homme lors de son adoption en 1948 et son bilan est aujourd'hui l'un des pires en la matière. Les droits d'expression et d'association n'y sont pas garantis et la liberté religieuse y est minime. Les droits des femmes, des enfants et des étrangers sont strictement limités. D'après la loi, les femmes y sont obligées de vivre sous la tutelle d'un homme et jusqu'en février 2018, elles ne pouvaient pas créer leur propre entreprise sans le consentement du tuteur. Jusqu'en 2019, elles ne pouvaient pas non plus voyager à l'étranger sans le consentement du tuteur.

Il existe de nombreuses façons d'exprimer son désaccord avec quelqu'un. Le cas de Raif Badawi constitue, pour moi, un bel exemple de débatteur (ici les autorités saoudiennes) frappant sur la couronne la plus extérieure de la cible de Graham. S'en prendre à l'intégrité physique de l'autre parce qu'il défie nos croyances ou notre façon de faire, voire de vivre, est une réaction tentante – particulièrement lorsque nous manquons d'arguments ou quand nous avons l'impression que l'autre a gagné le débat en trichant, sans pour autant être capable de le prouver ou de le démontrer –, mais elle ne fait avancer personne.

À ce stade, vous pouvez avoir le sentiment que j'enfonce des portes ouvertes. Nous apprenons tous, dès le plus jeune âge,

grâce à nos parents, nos grands-parents ou nos enseignants qu'il faut résoudre ses problèmes par la discussion, pas besoin de ce livre pour enfoncer le clou.
Bien, il me semble que vous êtes prêts pour un aspect plus difficile : parlons du négationnisme.

L'ART DE NIER L'ÉVIDENCE

Selon une célèbre encyclopédie en ligne, « le négationnisme consiste en un déni de faits historiques, malgré la présence de preuves flagrantes rapportées par les historiens, et ce à des fins racistes ou politiques [3]. »
Parmi les exemples les plus évidents, la négation du génocide perpétré par l'Allemagne nazie et par ses satellites, réprimée par tous les pays occidentaux. Les peines sont variables, depuis les travaux d'intérêt généraux jusqu'à la prison, en passant par des amendes. Pour nous autres, Occidentaux, cette pénalisation du négationnisme semble normale et la condamnation du négationnisme est largement banalisée. Personne ou presque ne descend dans la rue quand un négationniste est condamné. Posons-nous toutefois cette question : en quoi tout ceci est-il différent de l'attitude des autorités saoudiennes face à Raif Badawi ?

---

3. Les définitions extraites de Wikipédia sont souvent d'une remarquable clarté. Faisons-en usage ! N'oublions toutefois pas de citer l'encyclopédie (article « Négationnisme » au 1er juillet 2020).

Certains répondent : « La différence, c'est qu'on est sûr que le génocide perpétré par l'Allemagne nazie a bien eu lieu. Il y a une tonne de preuves historiques, de témoignages, etc. Ceux qui le contestent ont tort, c'est évident. Ils n'ont que ce qu'ils méritent. »

Cependant, nous pouvons leur opposer que l'Arabie saoudite a probablement le même degré de certitude de son côté : à leurs yeux, il est évident que Raif Badawi a tort. Ici, les arguments de l'Arabie saoudite sont sans importance, il s'agit simplement de souligner que, lorsque les autorités saoudiennes ont condamné Raif Badawi, elles étaient probablement dans le même état d'esprit que nous, Occidentaux, quand nous condamnons un négationniste.

Il n'est pas inutile à ce stade de le dire : je ne défends pas les négationnistes, pas plus que je ne m'oppose à l'exercice de la justice en général. Je ne suis pas négationniste. Je m'en prends simplement à la façon dont on gère les négationnistes. Selon moi, plutôt que de faire jouer la justice face à de pareilles personnes, nous serions bien plus inspirés d'attaquer leurs arguments et de confronter ces personnes à leurs erreurs, de montrer comment ces personnes manipulent les faits, en nient d'autres, enfument des milliers voire millions de crédules, souvent dans le but de se hisser au sommet d'une hiérarchie extrémiste et de faire de l'argent, avec un intérêt très limité pour la vérité.

Bien sûr, même si nous démontrons la fausseté de leurs arguments, de nombreux négationnistes continueront sans aucun doute à les utiliser. Ce n'est pas grave : il faut dévoiler les manipulations des négationnistes aussi longtemps que nécessaire, aussi longtemps qu'ils seront écoutés, aussi longtemps qu'il le faudra pour qu'ils finissent par rendre les armes. Cet avis est partagé par de nombreux intellectuels, philosophes et historiens [4] ; l'historien Claude Liauzu disait d'ailleurs : « Il est préférable d'affronter les négationnistes dans un combat d'idées. »

CONNAISSEZ-VOUS LA LOI GAYSSOT ?

Initiée par le député français du même nom, elle est adoptée en 1990 et innove par son article 9 qui ouvre la porte à des sanctions pénales envers les négationnistes. Il s'agit d'un exemple de loi dite « mémorielle », servant à déclarer voire à imposer le point de vue officiel d'un État sur des événements historiques. Poussée à l'extrême, pareille loi peut interdire l'expression d'autres points de vue, ce qui n'a pas manqué d'être relevé à l'époque du vote, aboutissant à un rejet de la part du Sénat les 11, 29 et 30 juin 1990 avant que la loi ne passe. Parmi les hommes politiques opposés à cette loi, on peut notamment citer François Fillon et Jacques Chirac. Sans surprise à l'époque, le Front national,

4. Le fait que l'avis soit largement partagé ne valide pas pour autant cette voie, voir l'« appel à la popularité » p. 135. Mais il me semblait important de souligner que la position est largement défendue.

comptant de nombreux négationnistes en ses rangs, s'y est également opposé de même que le polémiste Dieudonné, ce dernier la qualifiant de loi « judéo-socialo-communiste » avec la finesse typique qui caractérise ce monsieur[5].
Tant qu'elles sont déclaratives, les lois mémorielles ne posent en principe pas de problème : elles constituent une manière pour les parlementaires d'exprimer leur opinion. Elles posent cependant des problèmes lorsqu'elles sont assorties, comme la loi Gayssot, de sanctions pénales. En novembre 2008, toutefois, les députés français prennent la décision de ne plus voter de lois mémorielles et de ne plus se prononcer dans le domaine de la mémoire que par des résolutions, au grand soulagement de nombreux historiens vivant ce type de loi comme une atteinte à leur liberté scientifique.
Le combat des *fake news* connaît un étonnant parallèle avec tout ceci. Début 2018, le président français Emmanuel Macron a annoncé un projet de loi rendant possible, durant les périodes électorales, de saisir le juge afin de supprimer une fausse nouvelle sur Internet, de déréférencer le site ayant eu le malheur de la publier et de fermer le compte utilisateur concerné. La loi a été votée le 22 novembre de la même année. Son implémentation et les abus potentiels posent questions, mais la volonté derrière le texte est plus dérangeante : protéger les internautes des *fake news* en les

5. Jean-Claude Gayssot est membre du Parti communiste français, chose que Dieudonné, habitué des attaques sur la personne, n'a pas manqué de relever.

Définition d'un crime contre l'humanité selon le statut du Tribunal militaire international du 8 août 1945[1]

(Version légèrement simplifiée pour le lecteur)

« C'est-à-dire l'assassinat, l'extermination, la réduction en esclavage, la déportation, et tout autre acte inhumain commis contre toutes populations civiles, avant ou pendant la guerre. Concerne aussi les persécutions pour des motifs politiques, raciaux ou religieux, qu'ils aient constitué ou non une violation du droit interne du pays où ils ont été perpétrés. »

1. Le texte officiel peut être consulté en ligne.

supprimant par voie légale revient à remplir le tonneau des Danaïdes plutôt qu'à éduquer les internautes à l'esprit critique. Quand un homme a faim, mieux vaut lui apprendre à pêcher que lui donner un poisson.

Sur le même principe, les négationnistes tomberont très vite dans l'oubli si les membres de la société dans laquelle ils évoluent, si possible en grand nombre, débunkent[6] régulièrement leurs arguments avec panache. Les *fake news* n'auront plus de prise dans une société dont les membres sont formés dès leur plus jeune âge à l'esprit critique. Il

6. Débunker : un anglicisme devenu courant sur Internet, signifiant exposer l'imposture ou la fausseté de.

faut donc nous entraîner à traquer fausses nouvelles, raisonnements douteux et manipulations. Ce n'est hélas pas le chemin que nous avons pris, la préférence officielle allant clairement à la répression des sources de négationnisme et de *fake news*. Une stratégie qui a peu de chance d'être efficace à long terme et qui participe à la surcharge d'un système judiciaire déjà exsangue.

LAIT FRAPPÉ

Moins effrayant que le cas de Raif Badawi ou des négationnistes, mais un exemple de coup sur la couronne la plus externe de la cible de Graham tout de même : le *milkshaking*. Cet acte, consistant à jeter un milkshake sur une personne avec laquelle on est en désaccord, a gagné en popularité durant les élections parlementaires européennes de 2019 après que Tommy Robinson, un activiste britannique anti-islam, s'est pris un premier milkshake dans le visage devant de nombreuses caméras, puis un second, le lendemain. Carl Benjamin, un Britannique antiféministe, a également été victime de la pratique quatre fois. Cependant, le cas le plus médiatisé reste celui de Nigel Farage, défenseur du Brexit, ayant reçu le contenu d'un milkshake jeté par un opposant au Brexit. Quelques jours plus tard, alors que Farage prenait la parole devant ses sympathisants dans le comté de Kent, un groupe de personnes a tenté de l'intimider, tous étant venus l'écouter un milkshake à la main. Par la suite, lorsqu'il s'est rendu à Édimbourg, la police locale a préalablement demandé à la chaîne McDonald d'y cesser la vente de milkshakes, tandis que la chaîne Burger King était accusée d'incitation à la violence pour avoir, de façon opportuniste, lancé une campagne publicitaire à propos de ses milkshakes en Écosse !

Cette vague d'incidents en Grande-Bretagne a fait couler beaucoup d'encre, certains refusant de considérer le fait de lancer un milkshake sur quelqu'un comme un acte de violence. Cependant, quelle que soit notre opinion sur le discours des politiciens ciblés, nous ne pouvons pas, par principe, approuver pareils actes. Si un homme politique lambda raconte des bêtises ou avance des idées que l'on juge dangereuses, il faut démontrer en quoi ses propos sont faux, ridicules ou dangereux. S'il profite de son charisme pour avancer de mauvais arguments, il s'agit d'être plus charismatique que lui avec de bons arguments, ce qui est évidemment bien plus difficile que de lui jeter un milkshake à la figure sans réfléchir. Les bons arguments sont plus efficaces pour construire des ponts entre groupes de personnes qui sont en désaccord. Posez-vous la question ainsi : que réussit au juste l'acte de lancer un milkshake sur son adversaire ? Le camp contre le politicien applaudit, s'amuse, partage les photos et les vidéos sur les réseaux sociaux et propage l'idée que l'acte est acceptable et mérite un second chapitre.

Le lanceur ou la lanceuse devient une idole. De l'autre côté, le camp soutenant le politicien s'indigne, serre les rangs et envisage une réplique au moins aussi violente : l'escalade destructrice s'enclenche. Les deux bords sont alors davantage radicalisés et le débat devient plus difficile que jamais. Ce n'est pas une victoire. Le seul résultat est la production de davantage de violence, de radicalisation… et une célébrité souvent temporaire pour l'activiste responsable.

On compte des opportunistes parmi les militants de tous les camps. Des gens dont le seul but est de se mettre en avant en faisant le moins d'efforts possible, quitte à faire régresser leur cause. Cela ne me surprendrait pas d'apprendre que plusieurs de ces lanceurs de milkshakes n'étaient en fait que peu intéressés par la cause qu'ils prétendaient défendre, mais davantage par l'attention médiatique autour de leur personne. Passer dans les médias pour avoir bloqué une route, jeté des œufs sur une façade, brûlé quelque chose, agressé quelqu'un ou avoir exposé ses parties intimes en public sont des façons de procéder qui peuvent faire avancer la cause, mais dont le résultat réel est le plus souvent d'être applaudi surtout par sa propre communauté et de grimper les échelons de la hiérarchie militante locale… sans faire progresser la cause d'un iota.

Mieux débattre consiste à créer des ponts entre des personnes aux opinions différentes. Cela n'est peut-être pas très important lorsqu'il s'agit de déterminer si le dernier smartphone de Samsung vaut mieux que le dernier smartphone d'Apple ou même si une œuvre d'art est supérieure à une autre. En revanche, cela le devient quand on aborde des sujets tels que le Brexit, les causes évitables du cancer, l'attitude de la société face aux migrants, aux homosexuels, aux femmes, etc. Ces sujets méritent d'être débattus avec sérieux et sereinement. Les décisions prises à l'issue de ces conversations peuvent impacter la vie de millions de personnes. Ces sujets valent mieux qu'un camp jetant œufs, tomates ou boissons lactées sur l'autre, aussi délicieuses que soient ces dernières. Pour autant, nous pouvons reconnaître que certains actes militants extrêmes peuvent donner des résultats, par exemple en mettant en avant une problématique largement ignorée de tous et qui mériterait plus d'attention. Toutefois, le *milkshaking* n'a, à ma connaissance, pas fait la preuve d'une quelconque efficacité pour faire avancer la moindre cause ou contribuer à mettre en avant des choses qui ne l'étaient pas assez.

Notez que si l'agression physique est, vous en conviendrez, la pire façon d'exprimer son désaccord, cela n'annule pas pour autant le principe de légitime défense ou le besoin de justice. Si un interlocuteur porte atteinte à l'intégrité physique de son opposant, le débat nécessite une pause immédiate. Si l'agression ne s'arrête pas à un coup et que la fuite n'est pas possible, il ne faut pas hésiter à se défendre par la force.

Nombreux sont ceux sur Internet à considérer que l'agression physique n'y existe pas : impossible d'atteindre l'intégrité physique d'un internaute à travers la fibre optique, à moins peut-être de réussir à installer à distance sur l'appareil de son interlocuteur quelque chose capable de faire exploser ou brûler cet appareil. Ceci est à ma connaissance impossible, mais gardons l'esprit ouvert là-dessus. Ce que l'on trouve en revanche facilement sur Internet, ce sont des vidéos de personnes exprimant leur désaccord par la violence. Exemple choisi : celui de Marjorie Taylor Greene, candidate au congrès aux États-Unis. Elle diffuse le 25 avril 2020 sur Twitter une vidéo dans laquelle, arme lourde à la main, positionnée à l'arrière d'un imposant véhicule, elle abat des cibles représentant des choses qu'elle n'aime pas : des frontières ouvertes, le socialisme, l'interdiction du port d'armes. Aucun argument n'est offert. Si la production et diffusion de ce genre de vidéos sur les réseaux ne constitue peut-être pas un coup sur la couronne la plus périphérique de la cible de Graham, nous serons d'accord pour dire que le malaise est bien présent.

6

LE BIAIS DU SURVIVANT

Les librairies croulent sous les ouvrages consacrés au développement personnel et aux conseils santé. Des livres du genre « Top 10 des habitudes des millionnaires », ou « Les 7 secrets des personnes ayant une bonne mémoire » ou encore « Liste des choses que les centenaires ont mangées toute leur vie ». Ce type d'ouvrage souffre souvent d'un grave défaut : ce qu'ils listent a beau être caractéristique des gens ayant au choix beaucoup d'argent, une bonne mémoire ou ayant vécu longtemps, rien ne nous dit que ce ne sont pas aussi les caractéristiques des gens pauvres, avec des troubles de la mémoire ou décédés à 40 ans !
Ceux qui mettent en avant une méthode de leur cru destinée à soigner les gens d'un truc mortel exploitent souvent le biais du survivant sans même le réaliser (d'autres en revanche sont parfaitement conscients de ce qu'ils font et manipulent sciemment les gens).

GOUROU INCARNÉ

Mettons-nous dans la peau d'un gourou santé. Vous avez « inventé » une méthode basée sur le jeûne et le rejet des traitements conventionnels afin de soigner le cancer. Si vous faites massivement la promotion de votre approche sur les réseaux sociaux, le risque d'être inondé de messages injurieux de malades dénonçant la méthode parce qu'elle n'a pas marché est très faible. Soit le malade se remet de son cancer en ayant suivi votre méthode et il laissera alors un superbe témoignage vous remerciant de l'avoir sauvé ; soit il décédera et ne pourra ainsi ni se plaindre, ni avertir le monde de vos âneries. Imaginons qu'environ 10 000 malades ayant vu la promotion sur les réseaux de votre méthode promettant de guérir le cancer décident de vous faire confiance. La méthode fonctionnant mal, 9900 décèdent et 100 survivent. Concrètement, la seule chose que vous vivrez de votre côté, c'est une pluie de 100 témoignages positifs, remerciements et incitations à promouvoir davantage cette méthode afin de sauver encore plus de gens.

Êtes-vous gêné par le décalage entre les statistiques de vues des vidéos présentant votre méthode qui pointent vers des milliers voire dizaines de milliers de vues et le fait que les témoignages positifs que vous recevez ne se comptent qu'en dizaines ? Plutôt que de vous risquer à admettre qu'une véritable hécatombe est à l'origine de ce décalage et que vous êtes responsable de la mort de beaucoup de gens qui auraient pu être sauvés par les traitements conventionnels, vous vous dites simplement :

1- que beaucoup de malades n'osent pas sauter le pas de votre méthode après en avoir vu les principes ;

2- que bien que vous cibliez la promotion de cette méthode auprès des malades, il y a aussi des gens sans la maladie qui visionnent vos vidéos et messages ;

3- que parmi ceux ayant sauté le pas de votre méthode, il y a de nombreux timides qui n'osent pas vous écrire pour vous remercier de les avoir sauvés.

Si j'ai tendance à prendre l'usage du biais du survivant par certains gourous de la santé sur Internet avec humour, ne nous voilons pas la face sur le résultat final : ces gourous poussent des milliers de malheureux vers une mort presque certaine chaque année. C'est très grave. Si vous vous intéressez à des organismes ou objets ayant vécu un événement pouvant amener à leur mort ou destruction, soyez prudent : le biais du survivant vous guette.

Prenons une situation fictive : un vétérinaire au centre de Paris traite des animaux blessés qu'on lui apporte à son cabinet. S'il s'agit d'un chat blessé en raison d'une chute, il demande à ses maîtres d'évaluer la hauteur de la chute et prend systématiquement note de la réponse. Après des années, il constate que bien que la plupart des bâtiments du centre de Paris font entre 6 et 7 étages, on le consulte principalement pour des chats tombés du 2e ou 3e étage et beaucoup moins pour ceux tombés des étages supérieurs. Il en conclut que si la chute est suffisamment longue, le chat tend à mieux se rattraper sans aucune blessure justifiant un passage dans sa clinique et que ce sont donc les étages 2 et 3 les plus dangereux. Le vétérinaire a peut-être raison. Toutefois, une explication alternative existe. Plus la chute est longue, plus elle risque d'être fatale au chat. Lorsque la chute est fatale au félin, on est moins susceptible de rendre une visite au vétérinaire. Les chats tombés de trop haut n'apparaissent donc que très peu dans ses statistiques. C'est le biais du survivant : seuls les chats tombés des étages inférieurs, et que l'on peut encore sauver, passent dans son cabinet.

Le phénomène serait le même pour un ingénieur militaire qui analyse des aéronefs revenus de mission. L'ingénieur constate que ce sont toujours les bouts des ailes de ces aéronefs qui reviennent endommagés. Il suggère donc naturellement de davantage blinder ces parties. Grave erreur ! Les parties endommagées des aéronefs revenus de mission représentent les parties qui peuvent encaisser des dommages sans aboutir au crash de l'appareil. Lorsqu'un aéronef est endommagé à un autre endroit, il ne revient pas de mission. En conséquence, ce qu'il faudrait plutôt blinder davantage, c'est tout *sauf* le bout des ailes ! Vouloir avant tout blinder le bout des ailes demeure toutefois parfaitement censé si on avait été dans le cas de figure suivant : 100 % des avions partis en mission retournent à la base (il n'y a aucun mort). Dans ce cas bien sûr, à part renforcer les parties qui reviennent endommagées, il n'y a pas grand-chose à faire.

Vous voulez réussir dans la vie ? En amour ? Devenir riche ? Ne vous contentez pas d'écouter ceux qui sont riches et heureux et vous expliquent pourquoi, selon eux, ils sont arrivés là où ils sont : ils n'ont pas forcément raison et se trompent peut-être lourdement dans l'identification des critères ayant contribué à leur succès. N'oubliez jamais aussi de vous intéresser à ceux n'ayant pas réussi. Ne sous-estimez pas non plus le poids très conséquent du facteur chance dans la réussite des uns et des autres.

7

L'EFFET CIGOGNE

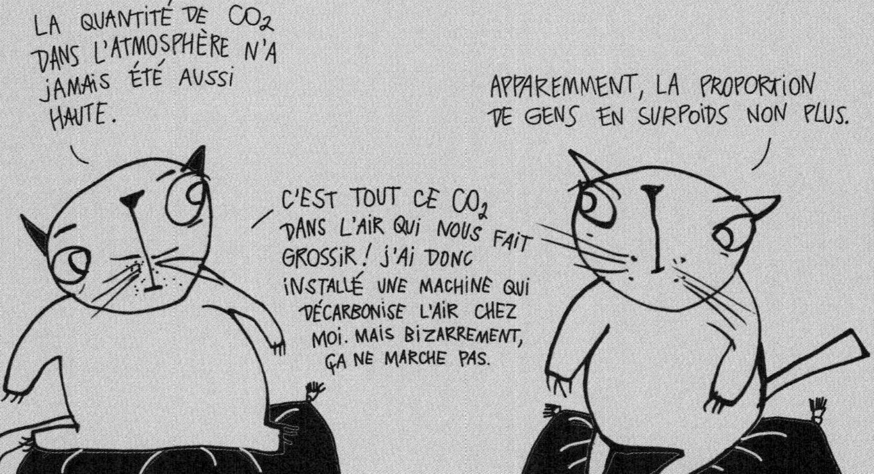

L'effet cigogne est l'un des sophismes qui amuse le plus les réseaux sociaux tant il amène à des conclusions parfois surréalistes. L'idée est de déclarer que si A et B sont corrélés, alors *forcément* A est la cause de B. D'un point de vue statistique, si deux variables sont indépendantes, cela veut dire que chaque variable vit sans se soucier de l'autre. Prenons un dé rouge et un dé bleu, peu importe le résultat du dé rouge, cela n'a aucune influence sur le résultat du dé bleu et inversement. Vous venez d'obtenir 6 sur le dé rouge et vous vous apprêtez à lancer le dé bleu ? Vos chances de faire 1, 2, 3, 4, 5 ou 6 sont les mêmes et valent chacune 1/6 pour ce dé, peu importe ce qui s'est passé avec le dé rouge. Le contraire de l'indépendance au sens mathématique, c'est-à-dire la dépendance, est plus délicat à expliquer. De la même manière qu'il n'y a qu'une seule façon de bien ranger sa chambre et une infinité de façons de la mettre en désordre, il n'y a qu'une seule forme d'indépendance possible, mais une infinité de formes de dépendance possibles. Pour faire simple, nous allons nous intéresser à une forme de dépendance bien particulière : lorsque deux variables tendent à prendre chacune des hautes valeurs en même temps et des basses valeurs en même temps. Dans le cas de deux dés, cela signifierait que lorsqu'on lance les deux dés, on obtient souvent une paire de résultats proches. Par exemple 3 et 2, à la rigueur 4 et 6. Dans le langage courant, on dira qu'il y a une corrélation positive entre les deux dés ou encore que « les deux variables sont positivement liées ». Lorsque A tend à prendre une valeur haute au même moment que B tend à prendre une valeur basse et que A tend à prendre une valeur basse au même moment que B tend à prendre une valeur haute, on pourra dire que A et B son négativement corrélés ou liés. Dans le langage courant toutefois, il est rare que l'on cherche à faire la distinction entre une corrélation positive et une corrélation négative : on parlera sobrement de lien ou de corrélation entre les deux variables. Notez que dire qu'il y a une corrélation ou un lien entre A et B n'est pas différent que de dire qu'il y a une corrélation ou un lien entre B et A (propriété de symétrie de la corrélation) et que si A et B sont indépendants, leur corrélation est forcément nulle (on dira qu'il n'y a pas de corrélation).

Exemple simple de corrélation positive dans le monde réel : prenez un échantillon de personnes et offrez-leur un bonbon en échange de la mesure de leur poids (variable A) et de leur taille (variable B). Vous constaterez vite que les individus à la taille élevée ont souvent un poids élevé et que ceux à la taille faible ont souvent un poids faible.

Cette corrélation n'est bien sûr pas parfaite : il existe des individus gros et petits et des individus grands et maigres, mais la tendance est très claire : plus on a un poids élevé, plus les chances sont fortes d'avoir aussi une grande taille et inversement. D'un point de vue scientifique, une fois qu'on

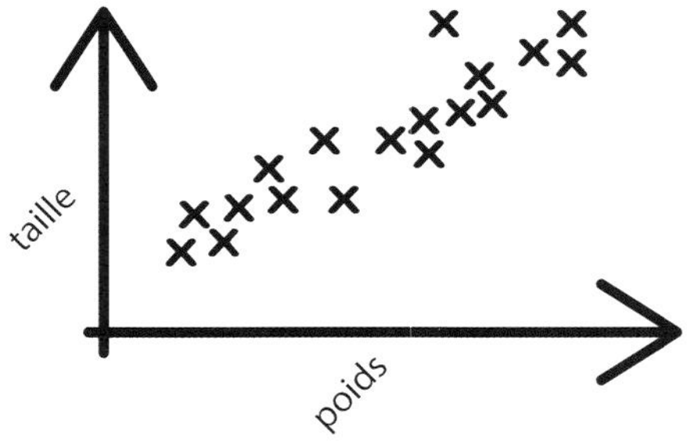

a établi que deux variables A et B sont liées, l'étape suivante consiste à expliquer la chose. Pourquoi diable observe-t-on une corrélation entre ces deux variables ? Trop souvent, on saute sur la conclusion que si A et B apparaissent corrélés sur le terrain, c'est parce que A cause B. C'est l'effet cigogne. Mais en fait, il y a de nombreuses explications alternatives pour expliquer la corrélation observée.

IL SE POURRAIT QUE B SOIT LA CAUSE DE A.

On constate par exemple que le nombre de pompiers présents sur les lieux d'un incendie (variable A) corrèle fortement avec l'intensité de l'incendie (variable B). Dire que A cause B dans ce cas, c'est dire que ce sont les pompiers qui mettent le feu au lieu, un peu comme dans l'effrayant livre *Fahrenheit 451*. Plus il y a de pompiers, plus le feu sera intense. C'est bien sûr complètement crétin. En réalité, c'est B qui cause A : plus le feu est intense, plus il attire un grand nombre de pompiers.

LA CORRÉLATION OBSERVÉE POURRAIT JUSTE ÊTRE DUE AU HASARD.

Si je simule via un ordinateur 8 fois le lancer de 1000 dés parfaitement indépendants, surprise, je découvre qu'il y a plusieurs dés qui apparaissent fortement corrélés, par exemple les deux dés ci-après :

	dé #214	dé #847
lancer #1	2	2
lancer #2	1	1
lancer #3	6	6
lancer #4	4	4
lancer #5	3	3
lancer #6	1	1
lancer #7	4	5
lancer #8	4	4

S'il n'y avait pas eu un petit raté sur le lancer #7, la corrélation positive observée entre ces deux dés aurait même été parfaite, valant + 100 % (une corrélation est toujours comprise entre - 100 et + 100 %).

Ce genre de corrélation est le résultat d'une inévitabilité statistique. Prenez un grand nombre de variables qui n'ont en réalité aucun lien les unes avec les autres. Vous en trouverez toutefois régulièrement deux qui, l'espace d'un instant au moins, apparaissent corrélées. Car oui, cette corrélation est bien sûr éphémère : si nous simulons de nouveaux lancers pour les dés #214 et #847 dans mon exemple, nous constaterons vite qu'il n'y a en réalité aucune corrélation entre les deux.

	dé #214	dé #847
lancer #1	2	2
lancer #2	1	1
lancer #3	6	6
lancer #4	4	4
lancer #5	3	3
lancer #6	1	1
lancer #7	4	5
lancer #8	4	4
lancer #9	1	4
lancer #10	4	6
lancer #11	2	6
lancer #12	4	2
lancer #13	5	1
lancer #14	3	5

CORRÉLATIONS SUSPICIEUSES

Le site anglophone *Spurious Correlations*[6] s'amuse à trouver des variables dans le monde réel qui, l'espace d'un instant, sont apparues corrélées mais à propos desquelles toute tentative d'interprétation causale du type A cause B ou B

6. https://www.tylervigen.com/spurious-correlations

cause A provoque l'hilarité générale.
Ainsi, on constate que de 1999 à 2009 aux États-Unis, le nombre de films dans lesquels Nicolas Cage apparaît (variable A) corrèle avec le nombre de noyades dans les piscines du pays (variable B). Autre exemple : le taux de divorce dans l'état du Maine est d'autant plus bas que la consommation en margarine par personne y est faible.
La découverte d'une corrélation entre deux variables étant souvent considérée comme suffisante pour faire l'objet d'une publication scientifique, de nombreux chercheurs passent en revue les corrélations entre variables issues de bases de données contenant parfois des milliers de variables et sautent de joie dès qu'ils trouvent quelque chose d'inattendu, ne réalisant pas que leur « découverte » n'en est pas une et que la corrélation n'est pas réelle. Le fait que des chercheurs jouent à ce jeu n'est en soi pas grave, mais doit nous pousser à une extrême prudence lorsqu'on cherche à expliquer une corrélation mentionnée dans un papier scientifique.

UN FACTEUR DE CONFUSION (OU CONFONDANT) EST À L'ORIGINE DE LA CORRÉLATION OBSERVÉE

Disons que l'on demande à un ordinateur de simuler plusieurs fois le lancer de deux dés parfaitement corrélés. Au premier lancer, les deux dés ont pris la valeur 4. Au second lancer, les deux dés ont pris la valeur trois, etc.

Quelqu'un à qui on montrerait ces données en oubliant de mentionner qu'elles ont été générées par un ordinateur programmé pour faire en sorte que la corrélation soit toujours parfaite pourrait croire que le premier dé force le second à le copier (A cause B) ou que c'est le second qui force le premier à le copier (B cause A). En réalité, celui qui décide tout, le « maître de jeu », c'est l'ordinateur. Il choisit chaque fois une valeur au hasard entre 1 et 6 et l'assigne ensuite à chacun des dés. On dira que l'ordinateur est un facteur de confusion, symbolisé par C. C'est C qui causalement impacte à la fois A et B, faisant apparaître une corrélation entre A et B.

NOBEL EN CHOCOLAT

En 2012 dans le *New England Journal of Medicine*, des chercheurs ont découvert une corrélation frappante. Si on prend note, pour une série de pays, de la consommation de chocolat par habitant (A) et du nombre de prix Nobel décrochés par habitant (B), on constate une importante corrélation entre ces deux variables, de + 79,1 %, pas loin du maximum de + 100 %.

Faut-il en conclure que manger du chocolat augmente ses chances de décrocher un prix Nobel et rend intelligent ? Peut-être. En tout cas la presse à l'époque n'en a pas douté une seconde et la nouvelle a fait le tour du monde : manger du chocolat rend intelligent, la science vient de le prouver ! Inutile de dire que les fabricants de chocolat s'en sont frotté les mains. Comme l'ont fait toutefois remarquer de nombreuses voix discordantes à l'époque, dont celle de l'équipe de chercheurs Pierre Maurage, Alexandre Heeren et Mauro Pesenti, un facteur de confusion est très certainement à la manœuvre dans cet exemple : le niveau de développement ou de richesse du pays.

Plus un pays est développé, plus il tend à avoir un système éducatif de qualité et à investir dans la recherche. Le pays offre donc un terreau fertile pour les enfants et chercheurs doués, leur permettant d'aller jusqu'au prix Nobel pour les meilleurs, ce qui sera bien plus difficile pour un enfant né dans un pays sans le moindre système éducatif et où cet enfant terminera peut-être à balayer les rues pour survivre. Une quantité effroyable de talents sont probablement perdus ainsi chaque année, mais c'est un autre sujet.

En même temps, les pays développés sont aussi ceux dont les habitants ont typiquement les moyens de se payer des produits de luxe comme du chocolat, de l'alcool et toutes les choses qui ne sont pas indispensables à notre survie quotidienne.

NOBEL EN KIT

Pour faire sourire, les 3 chercheurs ont au passage mis en évidence une corrélation encore plus forte que la corrélation

originale. Saviez-vous qu'il existe une importante corrélation entre le nombre de magasins IKEA par habitant (A) et le nombre de prix Nobel par habitant (B) ? Cette corrélation vaut + 82 % !
Faut-il en conclure que les magasins IKEA sont des catalyseurs de recherche ? Peut-être ! Mais cette corrélation s'explique aussi par un facteur de confusion similaire à celui expliquant le lien entre chocolat et prix Nobel. Plus un pays est développé, plus le nombre de magasins IKEA s'y multiplie. Plus un pays est développé, plus il investit dans la recherche et l'éducation, créant un terreau propice au développement de ceux ayant la capacité de décrocher un prix Nobel.

Dans ces exemples, un facteur de confusion est relativement facile à identifier. Mais ce n'est pas toujours le cas. Dans le domaine de la santé en particulier, on marche sur des œufs en permanence. En 2017, par exemple, une étude met en évidence un lien entre la consommation de boissons allégées en sucre (du type Coca-Cola Light) et le risque de faire un accident vasculaire cérébral. Peut-on en conclure que les édulcorants sont dangereux pour la santé ? Peut-être, mais il se peut qu'un facteur de confusion soit à la manœuvre et que les édulcorants ne soient pas un souci. Par exemple, il se pourrait que les consommateurs de boissons allégées en sucre soient surtout des citadins, donc davantage soumis à

la pollution, véritable cause du risque d'accident vasculaire cérébral.
En moyenne, les végétariens ont un indice de masse corporelle plus faible que les non-végétariens. Bien que cela ne soit pas apparent à première vue, il s'agit d'une corrélation. La variable A est le fait ou pas d'être végétarien et la variable B est l'indice de masse corporelle. Lorsque A prend la valeur « végétarien », B tend à prendre de basses valeurs. Lorsque A prend la valeur « non-végétarien », B tend à prendre des valeurs élevées. Les deux variables ne sont clairement pas indépendantes. Faut-il en conclure que remplacer la viande dans son assiette par du fromage ou des protéines végétales contribue à faire baisser l'indice de masse corporel ? Peut-être, mais une explication alternative est la suivante : certaines personnes ont un caractère tel qu'elles vont passer davantage de temps à faire attention au contenu de leur assiette, à faire du sport, vont lever le pied sur la viande et devenir végétariennes, éviter les voyages en avion, consommer bio et local, etc. D'autres en revanche boivent, fument, mangent de la viande en abondance, roulent en 4x4. Conséquence : les premiers seront en général en meilleure santé que les seconds. Le facteur de confusion dans ce cas est le caractère de la personne : c'est son caractère qui aboutira à la fois à une alimentation végétarienne et à un faible indice de masse corporelle ou à une alimentation tournée vers la viande et en même temps à un plus fort indice de masse corporelle.

Pourquoi parle-t-on d'effet cigogne pour désigner l'erreur consistant à interpréter une corrélation entre A et B comme une preuve que A cause B ? C'est en référence à un cas célèbre de corrélation fallacieuse. Entre la ville et la campagne, les cigognes ont fait leur choix : elles préfèrent la campagne. En même temps, le taux de natalité des humains est en général plus élevé en milieu rural qu'en milieu citadin. Jolie corrélation ! Plus il y a de cigognes quelque part, plus le taux de natalité est élevé. N'est-ce pas là la preuve que les cigognes délivrent les bébés ?

Après avoir lu tout ceci, vous pourriez être tenté, face à une corrélation entre A et B, de faire l'inverse de l'effet cigogne : rejeter, par principe, l'idée que A cause B. Ne faites pas ça, c'est tout aussi idiot. Une corrélation demeure en général un très bon indice que A cause B. Voici ma suggestion. Face à une corrélation, dites :

« Ceci suggère en effet que A cause B. Mais cela mériterait d'être creusé car une corrélation entre deux variables ne signifie pas automatiquement que la première est la cause de la seconde. »

Conclusion

Que dire à ce stade ?

Scannons un échantillon de milliers d'échanges sur les réseaux sociaux ou de débats en face à face entre personnes de tout horizon social, politique ou encore professionnel. Retirons de l'échantillon tous les échanges dont le cœur sont les insultes, les attaques sur la personne ou sur la forme, c'est-à-dire frappant uniquement sur les couronnes extérieures de la cible de Graham. Retirons également ceux qui correspondent à de la contradiction sans argumentation et rien de plus. Nous ne gardons que les échanges contenant au moins une contradiction avec argumentation, une réfutation d'une parole ou une réfutation de la thèse centrale.

Dans ces échanges, analysons combien ont pour cœur un sophisme : appel à la popularité, à l'exotisme, à la nature. Pour les lecteurs qui en doutent : le bestiaire des sophismes est plus étendu que ce qui a été présenté dans ce livre. Il reste à présent les échanges vraiment intéressants. C'est-à-dire ceux qui vont au fond des choses et qui avec un peu de chance vont nous rapprocher de la vérité[7]. Hélas, ces échanges ne représentent qu'une infime fraction de notre échantillon initial. En clair, la très vaste majorité des gens qui débattent entre eux ne font que brasser du vent,

7. Même en cas d'absence de sophisme, d'autres erreurs comme par exemple l'usage d'une source qui, pas de chance, se révèle un jour fausse, peuvent amener à une conclusion fausse.

tournant en rond dans une pièce sans fenêtre ni portes. Seul outil capable d'abattre les murs : l'esprit critique.

L'ISOLEMENT DES PENSEURS CRITIQUES

Pour une penseuse critique ou un penseur critique à la recherche de vérité, la vacuité de la plupart des échanges autour d'elle est évidemment une catastrophe. Si par le passé, cela signifiait que beaucoup de sceptiques étaient condamnés à se passer du débat avec autrui pour avancer, nous vivons heureusement à une époque où il n'a jamais été aussi facile de trouver en ligne d'autres sceptiques ayant eux aussi compris la plupart des choses présentées dans ce livre et avec qui des échanges passionnants et profonds sont possibles. Une meilleure solution selon moi demeure toutefois de former son entourage aux bases de la pensée critique afin de pouvoir débattre intelligemment avec eux aussi et non juste de s'enfermer dans une bulle sceptique élitiste. Mettez ce livre ou tout autre livre sceptique dans les mains des plus jeunes et moins jeunes. Racontez ce que vous avez appris en le lisant à votre mère, votre mari, votre meilleure amie. Vous êtes enseignant ? Organisez un jeu de rôle basé sur la cible de Graham. Invitez vos étudiants à défendre une chose et son contraire en faisant usage d'un même sophisme. Organisez un repas de famille suivi de la projection d'une série sceptique comme *Cosmos*. Et bien sûr, continuez de vous-même vous former à l'esprit critique. Complétez la liste des sophismes présentés dans ce livre à l'aide de ressources en ligne comme cortecs.org.

Quand vous tombez sur un bel argument dans un débat ou échange qui vous fait changer d'avis, prenez-en bien note. Lisez d'autres livres sceptiques comme *Devenez sorciers, devenez savants* d'Henri Broch et Georges Charpak ou encore *Quand est-ce qu'on biaise ?* de Thomas Durand.

Surtout, amusez-vous. Le chemin vers la vérité est semé d'embûches, mais cela ne signifie pas que de grands éclats de rire et moments conviviaux le long de ce chemin ne peuvent pas avoir lieu.

MIXTE
Papier issu de
sources responsables
FSC® C014138

Imprimé par FINIDR
Dépôt légal : septembre 2020 – N° d'édition : 41001774-01

LE BLEU

L'INSULTE

Sans aucun doute préférable à l'agression physique, la couronne « -3 » de la cible de Graham n'en demeure pas moins peu glorieuse. Si vous frappez souvent à cet endroit de la cible, il est temps de vous ressaisir.

QUI INSULTE A DÉJÀ PERDU

En 2010, lors de la convention sceptique « TAM8 », Phil Plait[1] demande à son audience : « Combien d'entre vous croyaient en quelque chose par le passé, mais n'y croient plus aujourd'hui ? Que ce soient les soucoupes volantes, les pouvoirs psychiques, la religion ou autre chose du genre. » La majorité de son audience lève alors la main. Phil continue : « Laissez-moi à présent vous poser une seconde question. Combien d'entre vous ont perdu leur croyance et sont devenus sceptiques parce que quelqu'un vous a traité d'idiot écervelé et d'attardé mental ? » Hilarité de l'audience.

Si nous prenons le temps d'y réfléchir plus d'une demi-seconde, c'est une évidence. En débat, il ne faut jamais insulter son interlocuteur. Et pourtant, c'est parfois plus fort que nous : nous le faisons massivement malgré la faible efficacité de cette approche. Non pas que l'insulte n'ait aucune vertu. On peut bien sûr l'utiliser par humour. Il vous

1. Président de 2008 à 2009 de la célèbre association sceptique James Randi Educational Foundation (JREF).

arrive sans doute comme moi d'insulter affectueusement votre chat, si vous en avez un. Ou votre meilleure amie ou meilleur ami, si vous en avez un, ce que je vous souhaite autant que d'avoir un gros chat feignant à domicile. On peut aussi l'utiliser pour décompresser, pendant un jeu vidéo par exemple, lorsque vous êtes encerclé par une horde de zombies et que vous brûlez ces horreurs au lance-flamme en les traitant de tous les noms [2].

Mais si vous utilisez l'insulte de façon sérieuse pour exprimer votre désaccord, alors vous avez déjà perdu. Exemple : le général Georgelin, s'adressant à Philippe Villeneuve, l'architecte en chef des monuments historiques, en 2019 en France. Ce dernier souhaite reconstruire à l'identique la flèche de Notre-Dame de Paris, flèche ayant été détruite dans l'incendie du 15 avril de la même année. En désaccord, les deux hommes s'opposent et le général craque en novembre, déclarant devant les caméras et d'un air suffisant : « Qu'il ferme sa gueule. »

Ce passage lamentable a fait le tour du web et des chaînes de télévision. Il démontre, au mieux, l'immaturité du général et, au pire, des tendances autoritaires n'ayant pas leur place dans une république. Je rêve qu'une nouvelle faisant le tour des réseaux ne soit pas l'histoire d'une personne en insultant une autre, mais celle d'un débatteur ayant analysé

2. Ce que je n'ai bien sûr jamais fait de ma vie, je suis civilisé, moi.

ce que l'autre disait et expliquant calmement en quoi c'est une mauvaise idée.
Je sais, on ne voit pas ça souvent passer dans notre fil d'actualité sur Facebook ou réseaux assimilés.

PRENDRE DU RECUL ET MANGER DES CRÊPES

Lorsque je navigue sur les réseaux sociaux, j'essaye d'avoir toujours en tête la cible de Graham. Avant d'appuyer sur la touche « Entrée » de mon clavier et de poster un message sur Internet, je m'assure au préalable que mon message ne tape pas en périphérie de la cible. Cela demande une certaine discipline et avoir la cible de Graham imprimée à côté de mon écran m'aide grandement. Imaginons maintenant que la bêtise de votre interlocuteur vous énerve au point qu'un message d'insultes vous semble être, en réponse, une bonne idée, ne serait-ce que pour vous défouler, tant pis si vous tapez en périphérie de la cible. À ce moment-là, une seule suggestion : déconnectez-vous, éteignez votre ordinateur et allez prendre l'air. Sortez manger une crêpe ou achetez-vous une gaufre. Plus tard, apaisé, vous serez en mesure de formuler différemment votre message. Nous passons tous trop de temps sur les réseaux sociaux, s'en déconnecter de temps en temps ne peut que nous faire du bien. Ce n'est pas parce que, miracle technologique, la fibre optique et les ondes nous relient tous les uns aux autres qu'il faut se sentir obligé d'en faire un usage permanent.

La cible de Graham est également très utile pour prendre du recul sur ce que votre interlocuteur vous dit ou vous écrit. Lorsqu'il vous adresse une insulte et n'envoie rien de plus comme message, vous pouvez mettre le débat en pause et tenter de discuter avec lui du but de votre échange. Les cas plus délicats sont ceux où la personne en face avance des arguments valides, pertinents et intéressants, mais ne peut s'empêcher de vous insulter au passage, en ouverture de son message, en conclusion ou au cœur de son texte.

Ce n'est pas facile, mais dans pareille situation, il faut être capable d'ignorer les insultes et se contenter de réagir aux arguments. Même si votre interlocuteur est agressif, le débat avec lui peut être passionnant. À vous de faire preuve de plus de maturité que lui et de passer outre la couche d'insultes. Ne laissez pas votre honneur ou votre orgueil se mettre en travers du chemin de la recherche de vérité. Une fois l'échange arrivé à une conclusion de fond, il ne sera pas trop tard pour réclamer des comptes à votre interlocuteur, par exemple en passant en revue votre échange et en soulignant les endroits où vous avez inutilement souffert.

En revanche, s'il se révèle vite, lors d'un échange, qu'il n'y a rien de plus sous la couche d'insultes et que la personne n'est pas capable de défendre autrement son point de vue, alors nous en revenons à ce que j'énonçais précédemment : il est temps de mettre en pause l'échange. Soyez patient, bienveillant, compréhensif… mais ne devenez pas le punching-ball d'Internet. Tout comme, en cas d'agression physique répétée, il ne faut pas hésiter à se défendre avec force si la fuite est impossible, n'hésitez pas à couper court à l'échange sans chercher à avoir le dernier mot en cas d'insultes répétées et d'absence d'arguments valides.

Comment déterminer si une discussion ou un débat valent le temps passé à les mener ? Pour le déterminer, il suffit de suivre le petit organigramme ci-contre, traduit de l'anglais par Christophe Michel[3].

3. Auteur de la populaire chaîne YouTube *Hygiène Mentale*, consacrée à l'esprit critique.

Merci de m'avoir proposé

une discussion

sur ce sujet

Avant de commencer

Envisagez vous la possibilité de devoir changer d'avis?

OUI → question suivante / NON → Ceci n'est pas une discussion

Si un de vos arguments se révèle être fallacieux, cesserez-vous de l'utiliser dans une future discussion, avec moi ou avec une autre personne?

OUI → question suivante / NON → Ceci n'est pas une discussion

Êtes-vous prêt à respecter les règles de base de la logique?

Par exemple:
- l'hypothèse retenue devra être celle qui a les preuves les plus convainquantes.
- la charge de la preuve revient à celui qui avance l'affirmation etc.

OUI → Ceci peut être une discussion / NON → Ceci n'est pas une discussion

Ceci peut être une discussion
Je veux bien essayer de parler de ça avec vous.

Ceci n'est pas une discussion
Inutile de poursuivre, je ne parlerai pas de ça avec vous.

MAIS

Attendez-vous à ceci:
- pour chaque affirmation factuelle, nous devrons fournir des sources.
- je vérifierai que ces sources correspondent bien à l'affirmation.

Nous ne passerons pas à un nouvel argument avant d'avoir fini d'évaluer le précédent.

Une **discussion**, c'est un dialogue entre deux personnes qui sont chacune prêtes à changer d'avis si les arguments de l'autre sont convainquants.
Mais certains confondent **discussion** et **sermon**.
Il n'y a aucun intérêt à discuter si l'une des deux personnes a simplement l'intention de faire entendre son point de vue sans prendre la peine d'écouter et d'évaluer les arguments de l'autre.
Pour éviter de perdre notre temps, l'organigramme ci-dessus nous permettra de savoir si ça vaut le coup de commencer une discussion sur ce sujet.

d'après atheismresources.com, traduit par Hygiène Mentale

LE VIOLET

L'ATTAQUE D'UNE PERSONNE POUR CE QU'ELLE EST OU REPRÉSENTE

À peine mieux que l'insulte, attaquer une personne pour ce qu'elle est ou ce qu'elle représente est une technique très efficace pour esquiver, plutôt qu'affronter, les propos de son interlocuteur. Frapper à cet endroit de la cible, c'est dire quelque chose comme : « Comment pouvez-vous lire un livre écrit par un Belge ? » ou « Je ne discute pas avec les homosexuels ! » ou encore « Comment peux-tu écouter quelqu'un qui préfère les chats aux chiens ? »

BOROMIR, AUSSI, POURRAIT FAIRE DES EFFORTS !

Dans nos sociétés, l'attaque sur la personne est banalisée à l'extrême. Nous retrouvons cette forme d'agression dans les romans, les débats politiques, les repas de famille, les jeux vidéo et les films sans que cela ne choque grand monde. Voici un exemple frappant tiré du premier film de la trilogie *Le Seigneur des anneaux*. Dans cet univers, différentes races peuplant la Terre du Milieu font face à un ennemi commun, Sauron, dont une puissante arme, l'Anneau Unique, a été saisie. Des représentants des différentes races débattent alors de l'utilisation de cette formidable arme.

« Boromir : Pourquoi ne pas faire usage de cet anneau ? Laissez-moi l'utiliser contre notre ennemi !

Grand-Pas : On ne peut le contrôler, aucun d'entre nous ne le peut ! L'Anneau Unique ne répond qu'à Sauron, il n'a pas d'autre maître.

Boromir : Et qu'est-ce qu'un rôdeur connaît à ces choses ?
Legolas : Ce n'est pas un simple rôdeur ! C'est Aragorn, fils d'Arathorn, vous lui devez serment d'allégeance[1]. »

Dans cet échange, Boromir, désireux de s'approprier l'Anneau, tente de contourner les propos de Grand-Pas en s'attaquant à ce qu'il pense que ce dernier est. Legolas, quant à lui, ne fait pas mieux. Il ne recentre pas la discussion sur le fond, mais réagit à l'attaque sur la personne, plus spécifiquement à l'erreur de Boromir de penser que Grand-Pas n'est qu'un rôdeur. Le message de fond de Grand-Pas est pourtant clair : seul Sauron peut faire usage de l'Anneau. La seule préoccupation valide est de savoir si ce qu'avance Grand-Pas est vrai ou faux, le déplacement du débat sur le statut du personnage vient seulement brouiller la conversation.

Partiellement éditée par mes soins, voici comment la scène aurait pu être menée pour que l'échange soit plus constructif :

« Boromir : Pourquoi ne pas faire usage de cet anneau ? Laissez-moi l'utiliser contre notre ennemi !

Grand-Pas : On ne peut le contrôler, aucun d'entre nous ne le peut ! L'Anneau Unique ne répond qu'à Sauron, il n'a pas d'autre maître.

Boromir : Et qu'est-ce qu'un rôdeur connaît à ces choses ?

Legolas : Rôdeur ou pas, cela n'est pas très important. Aragorn, as-tu des preuves de ce que tu avances ?

1. Extrait retranscrit du film *Le Seigneur des anneaux : La Communauté de l'Anneau*, réalisé par Peter Jackson en 2001.

Comment sais-tu que l'Anneau ne répond qu'à Sauron ? »
Cependant, la situation idéale serait encore différente : Boromir demanderait lui-même à Grand-Pas les preuves de ses dires et se retiendrait de l'attaquer sur sa personne. Dans la version de l'échange ci-après, Boromir est piquant, mais néanmoins constructif, respectant ainsi le ton du personnage dans la scène :

« Boromir : Pourquoi ne pas faire usage de cet anneau ? Laissez-moi l'utiliser contre notre ennemi !

Grand-Pas : On ne peut le contrôler, aucun d'entre nous ne le peut ! L'Anneau Unique ne répond qu'à Sauron, il n'a pas d'autre maître !

Boromir : Quelles preuves apportes-tu de ce que tu avances ? Parle, rôdeur ! »

Dieudonné, précédemment cité, a l'habitude de recourir aux attaques sur la personne, se révélant expert dans l'art de frapper à cet endroit de la cible de Graham. Lorsqu'il qualifie, par exemple, la loi Gayssot de « judéo-socialo-communiste », il tente simplement d'éviter une discussion de fond sur le contenu du texte, tirant l'attention des gens vers les convictions politiques de l'auteur de la loi ou vers ce que l'auteur est. Le fait-il consciemment ou pense-t-il sincèrement qu'il s'agit d'une façon constructive de faire avancer un débat ? La question reste entière.

Des exemples de jolies réactions existent aussi : en 2019, un candidat pour les élections municipales de Paris,

Cédric Villani, serait autiste. Profitant d'un long entretien avec le candidat, un journaliste décide d'explicitement lui poser la question : rumeur ou non ? Réponse de l'intéressé : « Je ne sais pas, je ne me suis jamais fait diagnostiquer, je n'ai jamais éprouvé le besoin de me faire diagnostiquer et qu'est-ce que ça changerait ? » C'est un excellent point : qu'est-ce que ça changerait, en effet ?

TROLLISME

Sur Twitter, nous pouvons trouver des utilisateurs écrivant dans la description de leur profil des phrases telles que : « Je ne parle ni aux hétéros ni aux hommes, comme ça, c'est dit. » Le compte Twitter auquel je fais référence ici est possiblement un faux (ou pas !), destiné à dénoncer les dérives extrémistes de certains milieux militants et à tourner en dérision les féministes perçues comme trop radicales et dont le but ne serait pas l'égalité entre hommes et femmes, mais bien que les femmes prennent le pouvoir sur les hommes.

Twitter est un réseau social à la réputation sulfureuse et aux utilisateurs souvent virulents. Il concentre en outre un grand nombre de « trolls ». À l'origine, le terme renvoie, sur Internet, à un plaisantin prenant plaisir à engager des internautes dans des discussions ayant pour seule finalité de faire perdre du temps. Ils étaient souvent peu méchants et une conversation avec eux était un très bon exercice de patience et de bienveillance. Aujourd'hui, toutefois, le sens du mot a évolué et le « troll » évoque des personnes guidées par de mauvaises intentions, s'appliquant à créer la discorde, à générer des polémiques et à faire déraper les débats par plaisir, par ennui ou même sans raison particulière. Ces trolls-là sont bien moins sympathiques à croiser et ne révèlent jamais leur jeu.

Quelles que soient les motivations de la personne derrière un compte Twitter, nous serons tous d'accord qu'invoquer la sexualité de son interlocuteur – hétérosexuel, homosexuel ou autre – pour ne pas avoir à affronter ses propos est assez minable. Les mêmes problèmes surgiraient si une religion ou une nationalité étaient ignorées : aucun de ces critères ne nous exempte d'écouter les individus en question.

COMPRENDRE SOI-MÊME OU FAIRE CONFIANCE AUX EXPERTS ?

Si cette idée est pour vous parfaitement claire et évidente, essayons maintenant un exemple plus délicat. Un parlementaire prend la parole en public, sur un réseau social ou dans un média traditionnel, et déclare : « Les parlementaires ne sont pas assez payés, voici pourquoi : *liste de raisons*. » Convaincu que les parlementaires gagnent suffisamment bien leur vie, un internaute ou un acteur de la vie publique réagit ainsi : « Évidemment qu'il veut augmenter les parlementaires : il est parlementaire lui-même ! Ne l'écoutez pas, il va nous enfumer. » Cet argument est une attaque sur la personne, il faudrait ici plutôt s'en prendre aux raisons défendues par le parlementaire : soit elles sont extrêmement bonnes et il faut augmenter les indemnités des parlementaires, soit la liste ne vaut rien et il faut expliquer pourquoi. Que quelqu'un réclame d'augmenter les indemnités des parlementaires alors qu'il l'est lui-même suggère évidemment qu'il faut être très attentif aux arguments avancés et ce n'est pas une faute de relever le possible conflit d'intérêts. Cependant, il n'est pas approprié d'utiliser le statut de son interlocuteur pour le décrédibiliser ou le vouer au silence, de la même manière qu'il n'est pas approprié pour Boromir d'essayer de décrédibiliser Grand-Pas sous prétexte que ce dernier n'est qu'un simple rôdeur ou pour Legolas d'au contraire essayer de crédibiliser Grand-Pas sous prétexte que ce dernier est l'héritier d'un quelconque trône !

C'est cela aussi la beauté d'un échange constructif où l'on va en profondeur dans la conversation : les origines sociales, le statut ou les diplômes de chacun ne comptent que très peu, seuls le fond et les preuves comptent. À moins de n'avoir ni le temps ni l'envie d'aller en profondeur et de vouloir une conclusion rapide sans avoir à se salir les mains, il n'est jamais approprié de faire confiance à la personne « experte », ou avec un haut rang social, plutôt qu'au quidam.

Ce dernier point est très important. Quel est votre état d'esprit ? Avez-vous le temps, l'envie et l'énergie de débattre afin de vous rapprocher de la vérité ? Félicitations ! Toutefois, inutile de se leurrer : aucun d'entre nous ne peut espérer avoir ce temps et cette énergie en permanence, même si l'objectif d'aller vers la vérité demeure. Si un médecin et un pompier sont en désaccord sur les bienfaits des vaccins alors que vous n'y connaissez rien et que vous n'avez pas le courage ou le temps de creuser le sujet, il est naturel d'écouter le médecin pour son expertise plutôt que le pompier. Écoutez le médecin, ignorez le pompier. Vous minimisez ainsi les probabilités de croire un propos erroné. Attention, toutefois, cela est un raccourci et ça peut être très risqué. Vous seriez surpris par le nombre d'occasions au cours desquelles le pompier ou le quidam avait raison sur toute la ligne et non l'expert. Accessoirement, ça ne marche pas si deux experts dans une même discipline sont en désaccord. Là, pour avoir le fin mot, il faudra se salir les mains et évaluer les arguments des deux experts pour ce que ces arguments sont, ce qui de toute façon reste la meilleure chose à faire en général.

CONFLITS D'INTÉRÊTS

Sur Internet, certains sujets sont plus toxiques que d'autres et aboutissent presque toujours à des attaques sur la personne ou à des insultes pour esquiver les discussions de fond, souvent trop douloureuses. C'est notamment le cas du débat autour de l'homéopathie. L'un des arguments principaux est que l'efficacité de l'homéopathie au-delà de l'effet placebo n'a jamais été démontrée de façon reproductible. Ceux qui s'attèlent à dénoncer cette efficacité non démontrée sont souvent accusés d'être à la solde de Big Pharma [2] par le camp adverse.

En mai 2019, Test-Achats – première association de consommateurs en Belgique – publie un article dans lequel on peut notamment lire qu'« aucun des médicaments homéopathiques et des médicaments traditionnels à base de plantes [qu'ils ont] analysés n'a démontré son efficacité (au-delà de l'effet placebo) ». La réaction suivante, retranscrite et anonymisée, n'est qu'un exemple parmi tant d'autres, puisée dans une avalanche de réactions similaires reçues par l'association après publication de son article en ligne [3] : « Seriez-vous à la solde de l'industrie pharmaceutique ? Je me pose sérieusement la question. En tout cas, je n'ai plus aucune confiance en vous et ne me proposez jamais plus d'abonnements. C'en est fini pour moi. Vous avez

2. Big Pharma est un terme péjoratif utilisé pour désigner le lobby des industries pharmaceutiques.

3. Je ne connais pas personnellement l'association, mais je tiens à saluer leur courage d'avoir publié cet article concernant l'homéopathie en sachant que cela leur coûterait des abonnés, alors que ces derniers sont leur principale source de revenus (voir plus loin).

rompu ma confiance. Vous feriez mieux de vous attaquer aux médicaments qui ruinent la santé des gens avec tous leurs effets secondaires mais qui remplissent les poches de Big Pharma. Il suffit de tester l'homéopathie et vous serez conquis. »

Le conflit d'intérêts est, ici, décrété malgré l'illusion du conditionnel et induit de fait l'idée que les analyses de l'association de consommateurs sont forcément biaisées.

Les conflits d'intérêts sont un sujet difficile. Cette expression sous-entend généralement qu'il y a un intérêt d'ordre financier à distordre la vérité ou les faits, typiquement parce que l'interlocuteur est financé par, ou travaille pour, une entreprise (ou un secteur d'activité) qui brasse beaucoup d'argent. Il est cependant possible de défendre une entreprise en étant payé par celle-ci sans que cela soit en désaccord avec les faits. Lorsqu'un conflit d'intérêts est avéré, par exemple un médecin qui abonderait dans le sens de l'efficacité de l'homéopathie et qui serait par ailleurs conseiller scientifique pour les laboratoires Boiron[4], les choses sont très simples : tant que les faits ne sont pas distordus ou que certains faits ne sont pas omis, le conflit d'intérêts n'a pas besoin d'être discuté davantage. Si les discussions autour du conflit d'intérêts persistent au point d'esquiver le fond du débat, il s'agit d'une attaque sur la personne.

4. Les laboratoires Boiron, leader mondial de la production homéopathique.

Les conflits d'intérêts ne se limitent toutefois pas à des intérêts purement financiers. Il peut également y avoir des intérêts politiques : il est facile de manquer d'impartialité lorsqu'on fait de la démagogie, en s'attaquant à des cibles faciles qui sont mal vues du grand public [5]. Il y a des intérêts idéologiques : si on est soi-même persuadé que le nucléaire est une catastrophe, on aura une position clairement orientée, souvent au détriment des faits. Évidemment, l'inverse est tout aussi vrai : ceux qui sont persuadés que le nucléaire est LA solution tendront à ignorer les faits n'allant pas dans leur sens. C'est tout le problème avec ces conflits d'intérêts politiques ou idéologiques : ils sont partout. Quel que ce soit le sujet et qui que soit l'interlocuteur, il n'y a pas de doute qu'un conflit d'intérêts pourra être invoqué pour le confondre.

S'il est important de prendre en compte les conflits d'intérêts pour observer la position d'une personne dans un débat, ils sont rarement un point intéressant quand on veut étudier le fond du sujet. En partant du principe que votre interlocuteur a quelque chose à cacher sans pouvoir le prouver, votre attitude au cours du débat ne sera pas constructive. Voici une règle d'or, à imprimer et encadrer en grand chez vous. Lire à voix haute chaque matin avant de sortir affronter le monde extérieur : *à moins d'avoir des*

5. Avec son autorisation, je m'inspire ici des écrits de l'utilisateur @Matadon_ sur Twitter.

raisons solides de penser le contraire, il faut toujours croire à la sincérité de son interlocuteur.

Pour revenir à l'exemple de l'association de consommateurs, existe-t-il un lien entre Test-Achats et l'industrie pharmaceutique ? Si oui, cela ne pose un problème que si l'on peut prouver que ce lien a poussé l'association à travestir les faits. Il n'y a cependant aucune raison de croire qu'un lien entre Test-Achats et l'industrie pharmaceutique existe. En outre, il est possible, en seulement quelques clics sur le site de l'association[6], de trouver un diagramme illustrant le financement de leurs activités : 99,20 % par des consommateurs, 0,60 % par des entreprises et 0,20 % par les pouvoirs publics.

Cela a beau déranger, tout indique que l'association est arrivée à ses conclusions de façon indépendante, conclusions qui vont dans le sens du consensus scientifique sur le sujet et s'appuient sur des centaines d'études réalisées depuis des décennies. Il y a bien eu quelques études positives concernant les effets de l'homéopathie au-delà de l'effet placébo mais elles n'ont jamais pu être reproduites avec succès : c'est ce qu'on appelle des faux positifs[7] au mieux, des faux tout

6. https://www.test-achats.be/

7. L'existence d'une étude positive à propos d'un traitement médical constitue en réalité un niveau de preuve de l'efficacité du traitement assez faible. Ce n'est que lorsque les résultats ont pu être reproduits par plusieurs laboratoires indépendants et sérieux que l'on pourra parler de traitement efficace.

court au pire, c'est-à-dire qu'il y a eu tricherie ou usage d'une méthodologie en carton, par exemple en oubliant de faire usage d'un groupe contrôle ou en invoquant des excuses pour s'en débarrasser et ne pas risquer qu'il nous démontre que nous avons tort. Pour ceux qui souhaiteraient creuser le sujet, je recommande l'excellent livre *Connaissez-vous l'homéopathie ?* de Thomas C. Durand.

ÊTRE PATIENT

Que faire si votre interlocuteur vous attaque pour ce que vous êtes, frappant ainsi la zone violette de la cible de Graham ? Aidez-le à tirer une seconde flèche qui frappera davantage au centre en lui suggérant d'élaborer son idée : « Et toi, que penses-tu de l'homéopathie ? Tu crois que ça marche ? » Retenez également que sur les réseaux sociaux, la plupart des gens que vous croiserez cherchent à se détendre au moins autant qu'à trouver des réponses à leurs interrogations sur ce monde. Le temps, l'énergie, l'envie d'aller au fond des choses, ils ne l'ont pas forcément. Si vous avez face à vous des utilisateurs bornés qui se contentent de répéter qu'il ou elle croit que le docteur Machin Chose a raison à propos des méfaits ou bienfaits d'un médicament X car il est médecin et que vous n'avez aucun diplôme, n'y connaissez donc rien et feriez bien de vous taire, considérez ceci : cette personne n'a peut-être pas aujourd'hui l'énergie d'aller en profondeur et préfère se fier à l'expertise du médecin pour distinguer le vrai du faux. Le mieux à faire consiste alors à reprendre le dialogue dans le futur lorsque l'utilisateur ou utilisatrice sera dans un état d'esprit plus propice à examiner les arguments des uns et des autres. Si cette personne ne semble jamais être dans cet état d'esprit, l'enjeu n'est alors plus de débattre mais simplement de lui expliquer que les diplômes ne sont pas toujours gages de vérité. Il s'agira de lui donner des exemples où celui qui est diplômé avait tort et où le quidam sans diplôme avait raison, ou plus simplement des exemples d'experts qui se contredisent, ce qui ne manquera pas de secouer l'interlocuteur qui ne se fie qu'à eux. Des exemples d'experts en désaccord sont très faciles à trouver sur la toile : pensez à Didier Raoult lors de la crise du coronavirus début 2020, il s'est retrouvé en désaccord avec un grand nombre d'autres experts au moins aussi qualifiés que lui et ce à travers le monde entier.

LE ROSE

L'ATTAQUE DE LA FORME

Similaire à l'attaque sur la personne, néanmoins distincte et moins crasse, l'attaque sur la forme consiste à esquiver les propos de votre interlocuteur ou à le décrédibiliser en public, non pas en l'attaquant sur ce qu'il représente ou ce qu'il est, mais en lui reprochant une faute sur la forme de ses propos.

UN SOUCI DE NAINS DE JARDIN

Un exemple simple, le débatteur estime que la personne qui lui fait face a mauvais goût. Cette dernière présente une série d'idées via un montage PowerPoint [1] et chaque plan est illustré par des nains de jardins sur un fond violet. La police d'écriture utilisée est Comic Sans MS. Il pourrait être tentant pour un détracteur de s'attaquer à la présentation plutôt que de s'intéresser au fond du message, surtout si le message dérange. Cela donnera lieu à des commentaires tels que : « C'est difficile de prendre au sérieux ce que tu racontes quand je vois à quoi ressemble ta présentation. »
Cette manière de répondre à l'argument, c'est aussi ignorer une personne sous prétexte qu'elle manque de charisme, que son orthographe est déplorable ou encore que son accoutrement est excentrique. Rien de tout cela ne constitue une raison suffisante pour ne pas s'intéresser à ses propos.

1. Une présentation PowerPoint est typiquement composée d'une série de plans fixes qui seront projetés sur un mur à tour de rôle à une audience.

C'est quoi le problème avec la police d'écriture Comic Sans MS ?

En 2012, elle est utilisée par Fabiola Gianotti au CERN[1] lors d'une conférence de presse annonçant la découverte du boson de Higgs, suscitant de nombreuses réactions interloquées.

Time Magazine la citait deux ans plus tôt comme peut-être la pire police d'écriture de tous les temps. Ses détracteurs la jugent puérile, mal conçue, mal dessinée et souvent utilisée à mauvais escient. Elle a été dessinée au milieu des années 1990 par Vincent Connare pour le compte de Microsoft (d'où « MS » dans le nom de la police) avec pour but de servir dans des programmes informatiques pour enfants.

De nombreux graphistes vous le diront : une police d'écriture se doit de refléter le ton du message qu'elle porte, mais ceci n'empêche pas l'apparition continue de la police Comic Sans MS aux endroits les plus inappropriés tels qu'au pied d'une statue de l'ancien président chilien Pedro Aguirre Cerda en juillet 2018, dans le document de démission de plusieurs membres importants du parti du Premier ministre grec en 2015 ou encore sur des plaques commémoratives de la Seconde Guerre mondiale en 2012 aux Pays-Bas. Dans la bulle des vulgarisateurs scientifiques francophones sur YouTube, le mathématicien Lê l'utilise souvent dans ses vidéos, vues par des centaines de milliers de personnes.

Sur les réseaux sociaux, une guerre intergénérationnelle entre les plus jeunes et la génération des baby-boomers tend à s'emballer depuis quelques années, l'an 2019 ayant été particulièrement

1. Le laboratoire européen pour la physique des particules, situé de part et d'autre de la frontière franco-suisse.

tendu. Les plus jeunes cherchent plus que jamais à se différencier de cette génération dont ils perçoivent de nombreux membres comme mesquins, dépassés et condescendants. Cela aboutit à une nouvelle vague de dévalorisation de la police d'écriture connue pour être très populaire parmi les baby-boomers, que ce soit leurs courriers électroniques ou dans la conception d'affiches annonçant la disparition d'un proche.

Pour toutes ces raisons, cette police peut être considérée comme toxique. Le risque d'une attaque sur la forme, avec pour conséquence un désintérêt pour le fond, est trop élevé en cas d'usage de la police. S'acharner à l'utiliser est d'autant plus vain qu'il existe des milliers de polices alternatives gratuites sur Internet.

REVIENS QUAND TU AURAS APPRIS À ÉCRIRE

Tout comme le manque de charisme, l'apparence excentrique ou le mauvais goût, la mauvaise orthographe est pour certains devenue une excuse facile afin d'exclure du débat un interlocuteur gênant. Aujourd'hui, presque tout le monde a accès à Internet. Toutes les classes sociales s'y promènent, mais certains ont grandi dans une culture essentiellement orale, sortant de l'enseignement obligatoire sans pour autant maîtriser les compétences de base en écriture[2].

2. Ce n'est pas le sujet de ce livre, mais la persistance de l'analphabétisme dans un pays à enseignement obligatoire constitue un échec sociétal colossal.

Que ce soit sur Internet ou ailleurs, la maîtrise de l'écriture a plus que jamais une fonction de sélection sociale. Pour autant, l'orthographe n'est pas forcément une norme permettant d'évaluer l'intelligence ou pouvant déterminer l'accès, ou non, au débat. Si quelqu'un prétend avoir des preuves que l'homme n'a jamais marché sur la Lune avec une orthographe approximative, il faut poliment lui demander de présenter ses preuves et en discuter. La forme n'a pas de raison d'être mentionnée, à moins qu'elle empêche de correctement comprendre les preuves fournies par votre interlocuteur. Dans pareil cas de figure, l'exclusion de la personne de tout débat sur le sujet qui lui tient à cœur est inacceptable : la bonne approche consiste à l'aider à corriger son orthographe afin que ses preuves puissent être reçues et non à dévaloriser ce qu'elle avance sans même avoir compris ce qui est avancé.

Notez que je ne suis pas en train de dire qu'en général le fond, la forme, l'orthographe, le ton n'ont pas d'importance, bien au contraire. Lors d'un débat, avoir du charisme et savoir s'exprimer correctement est primordial et source d'une obsession personnelle. Le succès de nombreux passeurs de savoir sur YouTube repose notamment sur une forme de communication souvent claire et atypique. L'auteur de la chaîne YouTube *DEFAKATOR* en est l'exemple le plus frappant, se filmant systématiquement masqué et dans un accoutrement excentrique pour le plus grand bonheur des internautes. L'auteur de la chaîne *Horror Humanum Est* n'utilise pour ses animations que quelques couleurs, essentiellement du noir, de la crème et du rouge vif, donnant à son projet un style tout à fait unique et rapidement identifiable sur la Toile. Christophe Michel, quant à lui, s'est imposé d'utiliser le moins possible d'autres couleurs que le blanc et le noir, profitant ainsi d'un style graphique unique et identifiable. Et que dire d'Alex Bernardini, auteur de l'excellente chaîne *Simplex Paléo* et de ses hypnotiques chemises hawaïennes dont les internautes ne se lassent pas ?

Sous couvert de la cible

Plus tôt dans ce livre, je me suis étendu sur une façon d'exprimer son désaccord à peine meilleure que l'agression physique : l'insulte. Nombreux sont ceux qui, sur les réseaux sociaux et ailleurs, avancent de très bons arguments mais ne peuvent s'empêcher d'insulter tout le monde au passage, frappant en périphérie de la cible de Graham malgré leurs possiblement bons arguments. Depuis que j'ai introduit la cible de Graham sur YouTube début 2019, j'ai observé un intéressant phénomène : certains adeptes de la cible, confrontés à des insultes de leur interlocuteur, l'invoquent pour ne pas avoir à écouter les arguments de ce même interlocuteur lorsqu'il en a. Cela donne des échanges entre chatons comme illustré ci-contre.

Pour autant, se plaindre qu'un interlocuteur frappe en périphérie de la cible de Graham pour mieux contourner les arguments de fond de ce dernier… cela signifie avoir soi-même raté le centre

et réaliser une attaque sur la forme. Dans cet échange, le vrai fautif est le chaton de droite. Son manque de curiosité vis-à-vis du dire du chaton de gauche concernant la fausseté de X, qui aurait pourtant été prouvée à trois reprises déjà, laisse à penser qu'il cherche délibérément à éviter le sujet.

Peu importe le niveau d'agressivité ou le ton de votre interlocuteur, s'en servir comme excuse pour justifier la fin de l'échange alors que votre interlocuteur se présente aussi avec un message de fond, c'est commettre une faute. Si ce dernier touche des endroits différents de la cible de Graham, il faut retenir en priorité l'impact le plus proche du centre. En retenant son meilleur argument, même si la personne est grossière, vous pourrez ainsi développer et détendre le débat. Évidemment, si le meilleur argument de la personne est une attaque sur la personne par exemple, c'est plutôt mal parti.

Écrire avec un nombre minimal de fautes est tout aussi important que d'avoir du charisme, d'adopter un ton approprié, d'avoir une bonne diction et de présenter ses idées de façon structurée. Tout simplement parce que cela minimise les risques d'attaque sur la forme.

SE PRÉMUNIR CONTRE LES ATTAQUES SUR LA FORME

Pourquoi fuis-je comme la peste la Comic Sans MS en recommandant à tout le monde d'en faire de même ? Pourquoi est-ce que je passe chaque mois quelques heures à relire des règles d'orthographe alors que je n'en tire aucun plaisir ? Pourquoi me soucier de mes vêtements et de ma coupe de cheveux lorsque je prends la parole en public ? Pourquoi y a-t-il des chats dans ce livre et pourquoi la cible de Graham est-elle si colorée alors que j'aurais pu juste me contenter de rédiger le tout dans un style académique austère ? La réponse à ces questions est la même que pour les débats : parce que ne pas se soucier de ces critères serait risquer qu'on me le reproche. Parce que si je ne fais aucun effort pour rendre ce livre attractif et travailler mon charisme, on risque de l'utiliser contre moi, comme prétexte pour m'évacuer des discussions. Parce que si mon livre est rempli de fautes, on risque de me le reprocher et il ne sera pas lu.

Dans un monde idéal, les attaques sur la forme n'existeraient pas. Nous serions tous extrêmement patients, nous aurions beaucoup de temps et serions capables de passer outre les fautes de goût ou le manque de charisme de certains pour écouter leur message de fond. Nous ne vivons, hélas, pas dans ce monde. Mais nous nous devons de travailler ensemble pour évoluer vers cet état. Parce que nous vivons dans un monde où les attaques sur la forme sont légion, il est important d'être soi-même le plus irréprochable pour s'en prémunir : faire attention à son apparence, à sa diction, à son orthographe, au ton qu'on utilise et travailler son charisme.

En parallèle, et c'est le message de ce livre et de la cible de Graham, il faut être tolérant des défauts des autres en la matière, non pas parce que personne n'est parfait, mais tout simplement parce que seul le fond compte vraiment. Protégez-vous des attaques sur la forme, mais surtout jurez-vous de ne jamais en commettre vous-même envers ceux qui ne sont pas irréprochables. Notez que cette dernière recommandation ne signifie pas que vous devez vous retenir de critiquer la forme d'un argument. En effet, il ne faut pas hésiter à aider les autres à s'améliorer pour minimiser les chances qu'ils deviennent victimes de pareille attaque, précisément parce que ces attaques sur la forme ont un effet dévastateur lorsqu'elles surviennent dans un échange. Cependant, ceci doit se faire avec bienveillance et en privé, jamais en public avec condescendance et dans le but de décrédibiliser l'interlocuteur : là, vous ne l'aideriez pas à éviter des attaques sur la forme… vous en commettriez une vous-même !

Avoir suffisamment de discipline pour éviter de frapper sur les couronnes extérieures de la cible de Graham constitue un énorme défi. Mieux débattre nécessite un grand travail sur soi, mais ce n'est pas suffisant : il faut aider les autres à adopter de bonnes pratiques, avec bienveillance et douceur.

L'ORANGE

CONTREDIRE SANS ARGUMENTER

Lorsque nous débattons avec d'autres, le but n'est jamais de perdre du temps ou de ressortir du débat plus confus qu'en y entrant. Les personnes particulièrement mauvaises à cet art sont, à ce titre, une source de très grand intérêt pour moi : étudier leurs comportements permet d'identifier tout ce qu'il ne faut pas faire ! Il serait tentant d'établir une liste des bonnes pratiques dans un débat et de passer en revue les plus beaux échanges connus, mais ça ne serait pas suffisant : il faut également lister les mauvaises pratiques.

LA LIGNE ROUGE

Sur la cible de Graham, nous passons enfin le cercle rouge, laissant les couronnes extérieures qui ne constituent qu'une liste hiérarchisée de mauvaises pratiques, de la pire à la moins mauvaise, derrière nous. Bon débarras ! Les formes d'expression du désaccord que nous allons explorer à partir d'ici ne cherchent plus à esquiver le fond du propos. Finis les coups au visage et insultes, finies les attaques sur la personne ou sur la forme. Ici commence enfin la liste des bonnes pratiques et c'est la couronne orange qui ouvre le bal. Cette dernière reste néanmoins une façon très pauvre d'exprimer son désaccord. Voici quelques exemples.

Gérard, 82 ans, est un bon vivant. Il adore la boisson et s'assure toujours lors des repas de famille que le verre de chaque convive demeure rempli. Il affirme en outre à qui veut l'entendre qu'il doit sa longévité actuelle au vin et ne manque jamais d'inciter ceux qui l'entourent à l'imiter. À Noël, il en offre toujours une bouteille de qualité, ramenée d'Italie, aux gens qu'il aime. Cependant, sa fille, appelons-la Lucie, pense que son père a tort et qu'il ne doit pas sa longévité à la boisson. Un jour, n'en pouvant plus, elle lui lance : « Tu as beau dire que le vin est bon pour la santé, je n'y crois pas. Je pense que tu devrais réduire ta consommation et j'aimerais que tu cesses de me pousser à boire chaque fois que je te vois. »

Autre exemple, l'ami de Kévin lui explique que les jus de fruits sont meilleurs pour la ligne que le Coca-Cola. Selon lui, on peut en boire sans culpabiliser, car les jus de fruits ne contiennent que des choses naturelles, contrairement à la boisson gazeuse bourrée de produits chimiques en tout genre. Kévin, cependant, n'est pas d'accord : « Je ne te crois pas. Un verre de jus de fruits est tout aussi mauvais pour ta ligne qu'un verre de Coca-Cola, même s'il ne contient que des sucres naturels. »

Lucie et Kévin viennent de contredire leur interlocuteur. Pour de nombreuses personnes, « contredire » signifie simplement « dire exactement le contraire ». Si vous dites blanc, la contradiction serait de dire noir. Si vous pensez que les dinosaures ont existé, votre interlocuteur vous contredira en disant qu'il pense que les dinosaures n'ont pas

existé. Dans ce livre, cependant, je vais donner un sens plus large à ce verbe : pour contredire, pas besoin de forcément dire exactement le contraire, nous pouvons simplement énoncer une position différente.
Si Sophie nous dit : « Le meilleur chocolat est le chocolat au lait. » Une première façon de la contredire consisterait à répliquer : « Tu te trompes, le meilleur chocolat est le chocolat blanc ! » Ou encore : « Je crois, pour ma part, que le meilleur chocolat est le chocolat noir. » Le point important à retenir est qu'énoncer simplement une position contraire comme l'ont fait Lucie et Kévin ne fait pas avancer le débat. Notez que cela ne le fait pas reculer non plus. En fait, nous sommes en situation de surplace.

POUR L'AMOUR DE NOS PROCHES

La contradiction sans argumentation est une forme de désaccord que l'on retrouve fréquemment en famille ou entre amis. La personne qui n'est pas d'accord ne veut pas s'aventurer dans les couronnes les plus extérieures de la cible : elle sent intuitivement que cela mettrait en péril la relation de confiance qu'elle entretient avec son interlocuteur. Sans pour autant être d'accord avec eux sur tout, vous respectez vos amis et votre famille et allez donc éviter de les attaquer sur la forme ou sur ce qu'ils sont. Même si les robes à fleurs de votre tante favorite sont d'un goût douteux, jamais vous ne le lui ferez remarquer de façon frontale dans le but d'esquiver un débat de fond sur un sujet qui vous met mal à l'aise.

Ce phénomène de retenue est très intéressant. Lorsque nous souhaitons exprimer notre désaccord avec ceux que nous aimons, nous n'avons aucun mal à identifier que les quatre couronnes les plus extérieures de la cible de Graham sont problématiques. Intuitivement, nous jetons l'ancre à un endroit bien plus proche du centre de la cible sans que personne n'ait eu besoin de nous expliquer que c'est ce qu'il fallait faire. Mais lorsque l'interlocuteur est un inconnu avec qui il n'y aucun lien émotionnel particulier ou quelqu'un que nous n'apprécions pas en général, peu importe la raison, tomber dans les couronnes extérieures ne semble plus poser de problèmes et on se permet de dire à l'interlocuteur qu'il est moche et ferait mieux de repasser ses chemises.

Tout ceci est, selon moi, révélateur d'une cause importante d'échanges qui dérapent : le manque de bienveillance, d'empathie et notre incapacité à veiller sur ceux qui ne font pas partie de notre cercle proche. Dans les discussions qui tournent mal, la personne qui exprime son désaccord échoue souvent à identifier son interlocuteur comme un être humain doué, lui aussi, de sentiments et de bonnes intentions. Dans les cas les plus extrêmes, nous en venons parfois à diaboliser notre interlocuteur, si bien que le fond

Les insectes ne souffrent pas

Dans le domaine de la psychologie sociale, le concept de déshumanisation renvoie au processus psychologique par lequel un individu, ou un groupe, perçoit et traite d'autres êtres comme inférieurs au genre humain. Déshumaniser l'autre, c'est ouvrir la porte à toutes les formes d'abus. Plus cette déshumanisation est forte, plus cela pourra aller loin, jusqu'à l'élimination physique, sans que cela nous mette mal à l'aise alors que le même acte porté à un proche amènerait à une révolte immédiate.

du débat est oublié et que l'objectif devient de vaincre la personne à l'opinion différente par tous les moyens.

Lors d'un échange avec autrui, il faut faire l'effort de voir la personne en face comme un ami, même si vous ne la connaissez pas et même si elle se comporte de façon belliqueuse avec vous. Visualisez-vous trinquant avec elle lors de la nouvelle année, jardinant ou jouant à un jeu vidéo ensemble. Essayez de vous mettre à sa place et réalisez que cette personne, capable de sentiments, est tout aussi perdue que vous dans ce vaste monde et cherche, elle aussi, des réponses. Avant d'appuyer sur la touche « Entrée » de votre clavier et d'envoyer une expression de désaccord, interrogez-vous : « Aurais-je osé écrire ceci à ma meilleure amie ou à mon meilleur ami ? À ma mère ou mon père ? »

Si la réponse est non, alors les chances sont fortes pour que votre message soit du mauvais côté de la ligne rouge séparant la cible de Graham entre ce qui est acceptable et ce qui ne l'est pas. Quoi qu'il en soit, si vous avez la volonté d'avoir un échange intéressant et profond, ne vous contentez pas d'énoncer une position contraire à celle de votre interlocuteur. Faites un saut sur la couronne jaune et expliquez votre position. Autrement dit : bétonnez vos arguments et aidez les autres à bétonner les leurs !

LE JAUNE

CONTREDIRE AVEC ARGUMENTATION

Contredire en argumentant, voici une première manière d'exprimer son désaccord qui fait avancer le débat.

EN AVANT LES ARGUMENTS !

Partons de l'exemple de Gaëlle et Laëtitia, deux internautes qui ne se connaissent pas, mais ont en commun le visionnage de la dernière saison de *Game of Thrones*[1]. Gaëlle partage ce qui suit sur les réseaux sociaux : « Cette saison est une vraie déception ! Non seulement le rythme retombe méchamment en comparaison des précédentes saisons, mais le scénario n'a aucun sens, prenant de trop nombreux raccourcis et négligeant le parcours et la personnalité de nombreux personnages. Bâclée, la réalisation technique ne m'a pas davantage convaincue. Difficile par exemple d'oublier cet épisode 3 visuellement bien trop sombre. Les fans méritaient bien mieux. » Elle se heurte cependant à Laëtitia qui n'est pas d'accord. Elle a adoré cette dernière saison et elle réplique : « Je ne suis pas d'accord avec toi. La saison 8 est tout bonnement excellente, aux limites de la perfection. Cette saison réussit le pari d'avoir non pas un ni deux, mais plusieurs moments qui sont d'ores et déjà cultes. Des moments où l'on vit de grandes émotions et où se mêlent des forces dramatiques et violentes. La réalisation

1. Une série américaine médiévale-fantastique extrêmement populaire qui s'est achevée en 2019 après 8 saisons.

au niveau des plans larges, mais également au niveau des plans rapprochés, est incomparable. La saison 8 clôture en beauté l'une des meilleures séries de tous les temps. »

Nous faisons face ici à deux opinions contraires et argumentées. Gaëlle et Laëtitia ne sont pas juste en opposition, elles donnent chacune des éléments permettant de comprendre comment elles sont arrivées à leur position actuelle. Et c'est très bien, même si une amélioration est encore possible : nous en reparlerons à mesure que notre progression vers le centre de la cible de Graham va continuer.

POSITION BÉTON

Reprenons à présent le cas de Kévin. Face à son ami qui prétendait que l'on peut boire du jus de fruits sans culpabiliser pour sa ligne, il disait : « Je ne te crois pas. Un verre de jus de fruits est tout aussi mauvais pour ta ligne qu'un verre de Coca-Cola, même s'il ne contient que des sucres naturels. » Sans vouloir être trop dur avec Kévin, mon regret est qu'il n'offre rien pour justifier sa position. Afin qu'il passe de la couronne orange à la couronne jaune de la cible, nous allons bétonner sa position en lui faisant dire par exemple : « Un verre de jus de fruits sera tout aussi mauvais pour ta ligne qu'un verre de Coca-Cola, puisqu'un verre de jus de fruits contient autant de sucre qu'un verre de

Coca-Cola, voire davantage ! » Ou encore : « Un verre de jus de fruits sera tout aussi mauvais pour ta ligne qu'un verre de Coca-Cola, car le corps humain ne fait pas de différence entre les sucres naturels et le sucre raffiné. » Nous pourrions faire encore mieux en combinant les deux arguments : « Un verre de jus de fruits sera tout aussi mauvais pour ta ligne qu'un verre de Coca-Cola car les deux contiennent exactement la même quantité de sucre. En outre, le corps humain ne fait pas la différence entre les sucres naturels et le sucre raffiné. »

Le fait qu'un verre de jus de fruits contient typiquement autant de sucre qu'un verre de Coca-Cola est bien réel : il suffit de comparer les étiquettes. Pour 100 ml de boisson, la quantité de sucre est quasiment la même, soit environ 10 grammes. Reste à savoir si le corps humain traite le sucre raffiné qu'on retrouve dans le Coca-Cola et les sucres naturels de la même manière. N'ayant jamais creusé le sujet sérieusement faute de temps et d'intérêt, je me fie à l'avis des spécialistes, comme la nutritionniste Catherine Lefebvre. Elle nous dit : « Le sucre de table ou raffiné est composé à 50 % de fructose et à 50 % de glucose. Les sucres naturels, comme le miel et le sirop d'érable, contiennent du fructose et du glucose dans des proportions variables, ainsi qu'une part d'eau. À portions égales, leur teneur en sucres totaux est donc moins importante que celle du sucre de table[2]. Le glucose et fructose qu'ils contiennent sont néanmoins métabolisés de la même façon par le corps. » On apprend que : « Le glucose passe par la circulation sanguine et fait augmenter le taux de sucre dans le sang. En excès, il sera emmagasiné sous forme de graisses ou de glycogène. » Tandis que : « Le fructose court-circuite la circulation sanguine et se rend directement au foie. En excès, il se transforme plus rapidement sous forme de graisses que le glucose. » Son conseil est le suivant : « La leçon à retenir est de réduire notre consommation globale de sucre. Point. »

Notez que si l'ami de Kévin lui rétorque : « Mais au moins avec le jus de fruits, tu consommes minéraux et vitamines, pas avec le Coca-Cola ! », il s'agit d'un coup dans l'eau. Le problème n'est pas que cette dernière affirmation est fausse bien qu'elle détourne l'attention du problème initial, tant mieux si le jus de fruits contient des vitamines, mais cela ne nous fait pas avancer de façon satisfaisante sur les inquiétudes d'origine concernant notre ligne. Voyant que le débat tourne à son désavantage, l'ami de Kevin essaie de changer subtilement le sujet plutôt que de reconnaître s'être trompé ou avoir exagéré. Les choses auraient bien sûr été très différentes si son affirmation initiale avait été : « Tant qu'à boire une boisson riche en sucre, autant que ce soit un

2. Si on évapore l'eau du miel ou du sirop d'érable, leur teneur en sucres totaux coïncide toutefois avec celle du sucre de table.

jus de fruits. » L'apport de minéraux et de vitamines du jus de fruit le distinguerait alors du Coca-Cola.

APPRENDRE À MIEUX VISER

Essayons à présent de faire passer la fille de Gérard, Lucie, de la couronne orange à la couronne jaune de la cible. Gérard est convaincu que le vin est bon pour la santé. Sa fille, qui n'est pas d'accord, s'est contentée de le contredire, en lui disant qu'elle croit que l'alcool n'est pas bon pour la santé sans expliquer sa position : « Tu as beau dire que le vin est bon pour la santé, moi je n'y crois pas. » Voici ce qu'il aurait été mieux de dire : « Tu as beau dire que le vin est bon pour la santé, moi je ne suis pas d'accord. Le Centre international de recherche sur le cancer[3] (CIRC) a classé l'alcool en catégorie 1, c'est-à-dire qu'on a la certitude que cette substance cause le cancer chez l'homme. Je m'inquiète pour ta santé, papa, et j'aimerais que tu lèves le pied sur ta consommation. »

Durant l'Antiquité, le vin a été considéré comme une boisson préservant la santé lorsqu'il était consommé avec mesure. Il a même longtemps été préconisé comme une boisson plus hygiénique que l'eau courante, cette dernière n'étant à l'époque pas toujours potable et bien

3. Une agence intergouvernementale créée en 1965 par l'Organisation mondiale de la santé (OMS).

loin des standards sanitaires très sévères qui règnent aujourd'hui dans nos contrées. Nous savons à présent que la consommation d'alcool, sous forme de vin, de bière ou de spiritueux, nous soumet au risque de développer un cancer et que ce risque est d'autant plus élevé que la dose est importante. Le lien causal a déjà été établi avec sept cancers différents, dont ceux de la cavité orale, du pharynx et du foie. Selon le CIRC, la consommation d'alcool est la plus grande cause de cancers évitables après le tabagisme en France. Par ailleurs, l'effet protecteur du vin sur le système cardiovasculaire ne fait pas l'objet d'un consensus scientifique. Les scientifiques sont d'accord sur une chose : si cet effet protecteur existe vraiment, il est très faible et ne justifie pas la consommation de vin en regard des risques encourus de développer un cancer. Vous voulez protéger votre cœur ? Enfilez vos baskets et allez courir quelques kilomètres, laissez la bouteille de vin dans votre cave.

Lorsque nous savons que la consommation moyenne de vin en France tourne autour d'une bouteille par personne toutes les semaines, pas loin du record mondial, nous sommes en droit de nous inquiéter. Nous avons là un problème de santé majeur qui semble moins préoccuper les Français que les risques sanitaires encourus par la présence de résidus de pesticides dans les assiettes ou par l'exposition continue des plus jeunes et moins jeunes aux ondes diffusées par les téléphones mobiles. En l'état des connaissances actuelles, ces risques sanitaires sont pourtant très faibles. Cette déconnexion entre nos peurs et la réalité aboutit aujourd'hui à des situations qui semblent surréalistes, telles que les bouteilles de vin garanti « zéro résidu de pesticides ». Le produit est par nature cancérigène, mais rassurez-vous, on en a éliminé les résidus de pesticides par volonté de vous protéger d'un risque de cancer faible pour ne pas dire nul lié à la présence de ces résidus.

LES MAUVAISES PRIORITÉS

Autre absurdité : les personnes qui fument, mais néanmoins combattent avec ardeur les téléphones mobiles et l'installation de nouvelles antennes, pour se protéger eux et leurs proches des effets néfastes des ondes. Pendant ce temps, ils minimisent les effets dévastateurs du tabagisme actif et passif, pourtant bien prouvés et documentés depuis des décennies. Nos peurs sont-elles en phase avec les dangers réels que nous encourons au quotidien ? La réponse est en général non. Le sujet de l'alcool, du cancer, des ondes et des pesticides mériterait toutefois son propre livre.

À propos des personnes dites « électrosensibles »

Il existe des personnes se déclarant « électrosensibles », c'est-à-dire présentant des symptômes fonctionnels divers lorsqu'elles sont exposées aux ondes de radiofréquence[1]. Elles affirment souffrir d'hypersensibilité électromagnétique et réagir à des intensités inférieures aux seuils au-delà desquels se manifestent habituellement les effets thermiques connus des champs électromagnétiques sur le corps, seuils qui sont pris en compte dans la définition des normes d'exposition du public. Bien que les symptômes soient reconnus comme réels, de nombreuses études réalisées ont montré que les personnes étudiées étaient incapables de distinguer une exposition réelle à une exposition simulée. De fausses expositions à un champ électromagnétique ont été suffisantes pour déclencher des symptômes graves chez certains participants.

Les souffrances des personnes dites électrosensibles sont bien réelles. Leurs origines ne peuvent cependant pas être imputées aux ondes à ce stade. La cause semble être autre, peut-être psychosomatique (conclusion fermement combattue par les concernés). Début 2014, le conseil général de l'Essonne accorde une aide financière aux personnes électrosensibles pour leur permettre d'acquérir des dispositifs anti-ondes supposés les aider à surmonter leur handicap. Le 5 mai 2014, l'Académie de médecine en France réagit : « Il est de notre devoir d'alerter l'opinion publique et les décideurs à tous les niveaux sur le risque d'encourager des pratiques inutiles et coûteuses et de cautionner officiellement un commerce ayant pour objet de vendre des dispositifs destinés à

1. Le terme radiofréquence (souvent abrégé en RF) désigne une fréquence d'onde électromagnétique située entre 3 kHz et 300 GHz, ce qui inclut les fréquences utilisées par la téléphonie mobile, le Wi-Fi ou la radiodiffusion.

protéger des ondes de radiofréquence dont l'innocuité dans les conditions réglementaires de leur utilisation est reconnue par la communauté scientifique. » Ils ajoutent : « Aucune réglementation n'empêche d'habiles commerçants de se lancer sur ce marché, d'autant plus florissant qu'il est alimenté par une inquiétude largement distillée dans les médias et que ces produits s'adressent à des personnes particulièrement fragiles. » Enfin, « L'Académie déplore que le battage médiatique mené autour d'une décision administrative isolée, scientifiquement infondée et médicalement contre-productive n'accentue encore les troubles de ces personnes et ne suscite la survenue d'autres cas. »

En 2018, l'OMS déclare : « Un grand nombre d'études ont été menées depuis deux décennies afin de savoir si la téléphonie mobile crée un risque potentiel pour la santé. À ce jour, aucun effet nuisible sur la santé causé par l'usage d'un téléphone mobile n'a été démontré. »

Disons-le toutefois : les impacts sur le très long terme de l'exposition au rayonnement électromagnétique issue des appareils modernes restent encore relativement méconnus. En l'absence de preuves, il n'y a pas de raison de s'inquiéter au point de bannir les téléphones mobiles ou de s'opposer au déploiement de nouvelles technologies faisant usage des ondes de radiofréquence. Si nous bannissons les objets ou technologies sous prétexte que les effets sur le long terme demeurent méconnus et que quelques personnes les accusent de leur causer des maux sans autre preuve que le ressenti (du genre : « Je vous jure, je me sens mieux loin de l'objet ! »), la conséquence sera une régression sociétale immédiate, nous ramenant à une époque préindustrielle, probablement pour rien. Effets méconnus ne sont pas synonymes d'effets nocifs.

Si vous pensez que la solution est, sans pour autant interdire les téléphones mobiles, de limiter leur usage « au cas où », libre à vous de renoncer à votre appareil et de ne pas habiter au pied d'une antenne. Tenter d'imposer son excès de prudence aux autres ou propager de fausses histoires concernant le danger de ces appareils est en revanche malhonnête !

LE VERT-JAUNE

RÉFUTATION D'UN POINT SECONDAIRE OU D'UNE PAROLE

Le centre de la cible de Graham est en vue et les choses sérieuses commencent. Ce que nous avons fait dans la couronne précédente de la cible mérite un pouce vers le haut : exprimer son désaccord en énonçant une position contraire et en la solidifiant avec des arguments, c'est très bien. Le seul problème, c'est que l'échange tourne un peu au dialogue de sourds. Laetitia et Gaëlle en étaient un bon exemple : elles n'ont pas le même avis concernant la saison 8 de *Game Of Thrones* et chacune ressasse ses arguments sans réellement s'intéresser à ce que l'autre raconte.

CECI N'EST PAS UN CONCOURS DE POPULARITÉ

Dans la présente couronne, nous n'allons pas exprimer notre désaccord avec notre interlocuteur simplement en énonçant une position contraire et en l'argumentant. Nous allons écouter, vraiment écouter, ce que dit notre interlocuteur et exprimer notre désaccord en attaquant de façon frontale au moins l'un des arguments, le but étant d'en démontrer la fausseté. Mes intentions pourraient vous paraître belliqueuses à ce stade. Je parle bien de perpétrer une attaque sur l'un des propos de la personne en face de moi, mais j'insiste sur la notion de fond : je n'attaque ni la personne ni la forme de ses propos. Question : ne pourrait-on pas rester sur la couronne orange où chacun, de façon bien propre, présente ce qu'il croit et les raisons qui l'ont amené à cette opinion sans attaquer les propos de l'autre ? Libre ensuite à ceux qui sont témoins de la scène de choisir le camp avec les arguments jugés les plus convaincants. La réponse est non car notre but n'est pas de froisser le moins possible, de faire entendre notre voix et de laisser les autres faire entendre la leur ou encore de gagner un concours de popularité.

Notre but primaire est d'accéder à la vérité sur ce monde, de le voir pour ce qu'il est vraiment, parties laides incluses. Tant pis si cela froisse, blesse ou heurte les convictions personnelles de certains, incluant les nôtres. Il s'agit de faire de notre mieux pour déterminer qui a raison et qui a tort, de travailler dur à distinguer le vrai du faux. Ceci doit bien sûr se faire en respectant les uns et les autres, avec bienveillance, maturité et en évitant de causer des blessures inutiles. Il n'est cependant pas acceptable de stopper notre quête de vérité par peur de blesser quelqu'un.

En écrivant ces mots, je pense à l'expérimentation animale. J'ai beau n'avoir consommé que très peu de viande au cours de la dernière décennie par volonté de minimiser la souffrance animale, j'accepte l'expérimentation animale dans un but de faire progresser les connaissances scientifiques lorsqu'il n'y a aucune alternative viable [1]. Vous avez le droit de ne pas

1. Cette position n'a pas toujours été la mienne et j'ai été très longtemps dans l'indécision.

avoir pour but primaire d'accéder à la vérité sur le monde ou simplement de ne pas permettre à votre quête de vérité de prendre le dessus sur certaines de vos valeurs éthiques, comme moi je l'autorise avec l'expérimentation sur des animaux. Faire de votre quête de vérité un objectif plus secondaire dans votre vie ne fait pas de vous une bonne ou une mauvaise personne, juste quelqu'un dont les objectifs primaires sont différents des miens.

Mais si comme moi, l'un de vos moteurs principaux au quotidien est l'envie d'aller au fond des choses, de comprendre, d'explorer et de découvrir le monde, il faut vous faire une raison : des sacrifices seront nécessaires et il faudra parfois casser quelques œufs, se retrousser les manches et se salir les mains. Dans cette quête de vérité, approcher les arguments des autres avec des gants de velours peut être contre-productif et le meilleur moyen de voir la vérité vous échapper.

Frapper dans la zone vert-jaune de la cible de Graham se fait en deux étapes :

1/ Il faut citer quelque chose que votre interlocuteur a dit, le choix est plus ou moins arbitraire (il ne le sera plus lorsque l'on cherchera vraiment à taper dans le mille).

2/ Il faut dire que c'est faux et lister la ou les raisons pour lesquelles on pense que c'est faux. C'est-à-dire que vous allez réfuter l'élément énoncé par votre interlocuteur et arbitrairement choisi par vos soins.

LE CAS DE L'ÉLECTROSENSIBILITÉ

Pour développer un exemple de réfutation, reprenons le cas des personnes électrosensibles. Les concernés ont bien sûr, eux aussi, des arguments prouvant que l'origine de leur mal est imputable aux ondes et n'est pas psychosomatique. Citer, comme je l'ai précédemment fait, l'avis de l'Organisation mondiale de la santé ou de l'Académie de médecine en France avait pour but de renforcer la position selon laquelle l'origine du mal des concernés n'est pas imputable aux ondes. Mais ce qui serait encore mieux pour avoir le fin mot de cette histoire, c'est de creuser les arguments des électrosensibles eux-mêmes.

Sur le site electrosensible.org, tenu par une association de défense des personnes électrosensibles en France, nous pouvons lire un document de synthèse de la problématique. La première chose qui y est racontée, c'est que l'ancienne directrice de l'OMS, la norvégienne Gro Harlem Brundtland, est capable de détecter à quelques mètres de distance si un téléphone portable est allumé ou éteint. Impressionnant ! Mais est-ce vrai ? Sur Internet, se trouvent des interviews de la concernée datant des années 2000 durant lesquelles elle affirme être sensible aux ondes des téléphones portables, en souffrir et que son électrosensibilité se serait aggravée au point de pouvoir sentir un téléphone portable dès qu'il est à moins de 4 mètres d'elle. Elle affirme en outre avoir procédé à de nombreux tests, faisant venir des personnes dans son bureau avec des téléphones mobiles cachés, sans qu'elle sache si l'appareil était éteint ou allumé, et qu'elle aurait systématiquement réagi lorsque l'appareil était allumé [2].

Néanmoins, dans un article interpellant de 2012, le journaliste Thomas Ergo explique que l'état de l'ancienne directrice resterait largement un mystère car Gro Harlem Brundtland n'aurait jamais cherché à se faire tester de façon indépendante et aurait refusé les offres qui lui ont été faites dans ce sens par des chercheurs. En 2013, Thomas Ergo cite le ministre de la Santé norvégien Jonas Gahr Støre. Ce dernier dit alors : « Je ne souhaite pas me prononcer sur l'origine psychosomatique des troubles des personnes électrosensibles. Pour le moment en tout cas, je peux vous dire que Gro Harlem Brundtland utilise couramment un téléphone mobile et navigue sur Internet sans que cela semble la faire souffrir. » En somme, Gro Harlem Brundtland a prétendu souffrir de l'exposition aux ondes à une époque, a refusé de se faire tester de façon indépendante et, des années après, ne semble plus souffrir de cette exposition, ni ne vouloir en parler davantage. Son cas n'est hélas pas

2. Ce qui de façon intéressante n'exclut pas que la concernée réagisse systématiquement aux téléphones éteints aussi : on ne sait pas, il n'y a aucune interview d'elle disant autre chose que : « Lors de mes tests, j'ai toujours réagi aux appareils allumés. »

plus convaincant que celui des centaines voire milliers de personnes qui aujourd'hui se sont autodiagnostiquées comme électrosensibles et réaliseront peut-être un jour que leur mal n'avait rien à voir avec les ondes.
Le site electrosensible.org ne fait aucune mention du journaliste Thomas Ergo, mais s'étend sur le CV de Gro Harlem Brundtland : cette ancienne directrice de l'OMS est une personnalité politique de premier plan, elle a été plusieurs fois Premier ministre de son pays et est à l'origine du concept de développement durable. Cependant, rien de tout cela ne nous fait avancer concernant ses dires dans les années 2000. Une politicienne de premier plan, même de bonne volonté, peut se tromper et imputer à une mauvaise cause des symptômes qu'elle observe sur elle-même. Des gens intelligents et brillants qui se trompent, cela arrive… tout le temps. En conclusion, nous pouvons mettre en doute la capacité de Gro Harlem Brundtland à détecter si un téléphone caché à quelques mètres d'elle est allumé ou éteint ainsi que l'exposition aux ondes de ces derniers comme étant la cause de certaines de ses souffrances dans les années 2000 au moins.
Pour creuser ce seul point du site electrosensible.org, il m'a fallu passer une après-midi complète à lire et retourner la Toile à propos de cette dame, incluant la traduction automatique de certaines interviews en norvégien. Frapper dans la partie jaune de la cible est coûteux en temps.

Solidifier sa position, peu importe ce qu'elle est, nécessite de faire des recherches. Attaquer un seul argument du camp adverse en faisant de son mieux pour que la réfutation soit valide demande encore plus de temps et d'énergie. C'est l'une des raisons pour lesquelles beaucoup de gens se contentent de contredire sans argumenter ou passent directement à l'insulte, à l'attaque de la forme ou de la personne plutôt que de s'attarder sur le propos lui-même : cela requiert bien moins d'heures de recherche et tout le monde peut le faire sans avoir forcément compris ce que son interlocuteur raconte. Pareil comportement ne nous permet hélas pas d'avancer d'un iota vers la vérité, pire, cela peut avoir pour effet de nous en éloigner.

AIDER LES AUTRES, MÊME QUAND ON N'EST PAS D'ACCORD

Même si nous prenons le temps de bien faire les choses, il nous faut garder à l'esprit que notre démonstration de la fausseté d'une parole ou d'une idée de notre interlocuteur peut être invalide. Il est très facile de dire à quelqu'un qu'il a tort concernant quelque chose avec un faux raisonnement. Bien que cette situation arrive moins souvent que les insultes et les attaques, elle n'est pas rare et est source, a raison, de grande irritation pour la personne victime de cette mauvaise argumentation.

Nous l'avons vu plus tôt, être irréprochable (ou en tout cas essayer de mieux débattre et de faire le moins d'erreurs) n'est pas suffisant. Un bon penseur critique se doit aussi d'aider les autres à mieux s'en sortir et ne pas juste travailler à sa seule amélioration personnelle. Concrètement, il s'agit d'aider l'autre à muscler son jeu, à solidifier sa position, à produire des arguments de meilleure qualité et qui seront plus difficiles à démolir que ceux déjà présentés. Et ce même si la position de l'autre déplaît !
Si mon interlocuteur défend l'idée que « Les Belges puent la merde », en s'appuyant sur quelques Belges détestables comme le pédophile Marc Dutroux, il est évident que, belge moi-même, je ne vais pas apprécier l'argument. En bon penseur critique toutefois, je me dois de l'aider à renforcer sa position, par exemple en lui suggérant d'avancer quelque chose de plus approprié d'un point de vue argumentaire tel que notre passé colonial désastreux[3] qui me semble une bien meilleure chose à mettre en avant pour soutenir son désaveu des Belges, plutôt qu'une liste de quelques Belges détestables arbitrairement choisis. Renforcer les arguments des autres de manière valide est au moins aussi difficile que de les démolir correctement. Pour cette raison au moins, rares sont ceux, moi y compris, à le faire.

3. Je recommande à ceux intéressés par le passé colonial de la Belgique de regarder l'épisode 12 de la chaîne YouTube *Horror Humanum Est*, épisode intitulé : « Les petites mains du caoutchouc ». Âmes sensibles s'abstenir.

Un dernier mot : si vous réalisez un long exposé et êtes confronté à une personne qui tente de réfuter l'une de vos idées ou paroles, n'oubliez pas d'accueillir à bras ouverts cette personne, même si son attaque est dans un premier temps invalide. Ne confondez pas son attaque sur un de vos propos avec une attaque sur vous-même. Célébrez les interlocuteurs qui se baladent à l'intérieur du cercle rouge de la cible !

LE VERT

IDENTIFIER ET RÉFUTER LA THÈSE CENTRALE

Nous pouvons faire encore mieux que réfuter un dire, une idée ou une parole arbitraire de notre interlocuteur car cela est rarement suffisant pour mettre à terre sa thèse centrale, peu importe ce qu'elle est, même si cela permet de l'affaiblir. Il faut à présent identifier la thèse centrale et établir un plan d'action pour la démonter. Il n'est en effet que rarement nécessaire de réfuter tous les dires de votre interlocuteur sans exception : démolir un ou plusieurs piliers sur lesquels repose la thèse centrale fera souvent l'affaire.

EN PLEIN CŒUR DE LA CIBLE DE GRAHAM

Atteindre le centre vert de la cible se fait en deux étapes. Tout d'abord, il faut résumer de manière concise la thèse principale de votre interlocuteur. En citer alors quelques passages est pertinent. Ensuite, il s'agit de la dénoncer en raison de failles importantes et de lister ces dernières.

La première étape est aussi délicate que la seconde. Trop souvent, nous pensons avoir identifié la thèse centrale de notre interlocuteur sans que ce soit la bonne. Si nous démontons brillamment une thèse qui n'est pas celle de notre interlocuteur, nous risquons de passer pour des imbéciles ou pour des gens qui déforment les propos, une faute grave dont nous reparlerons dans la seconde partie de ce livre.

Pour vous assurer de cibler la bonne thèse, vous pouvez soumettre à votre interlocuteur votre résumé et le faire participer à la construction de ce résumé. Votre interlocuteur sera souvent ravi de voir que vous vous intéressez à ses dires et travaillera volontiers avec vous. Une fois qu'il a confirmé que vous avez bien compris son message et ses arguments, vous pouvez ouvrir le chantier de la seconde étape. Si votre réfutation est convaincante, et compte tenu de la bonne validation de votre bonne compréhension de la thèse centrale par ses soins, votre interlocuteur sera probablement très secoué, voire reconnaîtra qu'il y a un problème dans son raisonnement initial. Victoire !

RICHARD DAWKINS

Biologiste, vulgarisateur et théoricien de l'évolution, c'est l'un des académiciens britanniques les plus célèbres de l'époque. Il acquiert la consécration avec son livre de 1976 intitulé *Le Gène égoïste* qui popularise la théorie de l'évolution centrée sur les gènes et introduit le terme de « mème[1] ». Il publie en 2006 un livre intitulé *The God Delusion*, dont la version originale en anglais a été vendue à plus de deux millions d'exemplaires et traduite en plus

1. Un mème est un élément de culture transmis par des moyens non génétiques, en particulier par l'imitation. Exemple : la forme et apparence des toits des habitations au cœur de Paris, une blague potache ou encore une dance.

de trente langues[2]. Dans son livre de 2006, il nous dit notamment : « Quand une personne souffre de délire, on appelle ça de la folie. Quand un grand nombre de personnes souffrent de délire, on appelle ça une religion. »
Alvin Plantinga, un philosophe américain, n'a pas apprécié le livre et a exprimé son désaccord avec la thèse centrale du livre : « Ce que tu nous dis vraiment dans ton ouvrage, c'est qu'il n'y a probablement aucun créateur surnaturel. Un tel créateur serait incroyablement complexe et plus quelque chose est complexe, moins probable est cette chose. Cependant, les théologiens affirment que Dieu n'a rien de complexe et est une entité très simple. En outre et selon toi, quelque chose est complexe si ses éléments constitutifs sont arrangés d'une façon que le hasard peine à produire. Mais Dieu est un esprit. Il n'a rien de matériel et n'a pas d'éléments constitutifs. Ce que tu nommes complexe dans ton livre ne s'applique pas à Dieu. »
Notez la manière dont Alvin Plantinga exprime son désaccord : son premier paragraphe consiste à identifier et résumer de manière concise la thèse centrale de Dawkins avant de passer à la seconde étape qui consiste à la réfuter. Alvin Plantinga donne ici un magnifique exemple d'impact sur le centre de la cible.

2. Titre en français : *Pour en finir avec Dieu*.

CONFLITS DE GÉNÉRATIONS

Autre exemple d'une personne tapant dans le mille :
« Si je t'ai bien compris, grand-père, tu défends haut et fort que les jeunes adultes aujourd'hui n'ont plus aucune manière, sont fainéants, vivent dans un monde de gratification immédiate et ne pensent qu'à eux-mêmes. Tu as d'ailleurs écrit : "La culture de l'enfant-roi, aujourd'hui dominante dans nos contrées, a produit une génération d'égoïstes s'imaginant que le monde entier doit tourner autour de leurs besoins et de leur petit confort." Mais de façon intéressante, un discours similaire était déjà tenu en Europe durant l'Antiquité, le Moyen Âge ou la Renaissance. Ta position reflète en réalité un phénomène sociologique bien connu : à mesure qu'une génération vieillit et se rapproche de la retraite, une partie de ses membres tend à exécrer les nouvelles générations occupées de remplacer les anciennes et reproche alors à ces nouvelles générations des traits de caractère faisant tout autant partie des anciennes générations. »
Parmi ceux qui se réclament de la mouvance sceptique, la tendance à ne pas frapper dans le mille, voire à s'aventurer au-delà du cercle rouge est forte. Moi-même, il m'arrive de le faire et je n'en suis pas fier. Si vous envisagez d'utiliser la cible de Graham dans vos futurs débats, ne soyez toutefois pas trop dur avec vous en cas de chaton mort.

La perfection n'est pas de ce monde. Contentez-vous de vous reconnaître vos échecs et de vous promettre de faire mieux la fois suivante. Retenez aussi, pour vous et pour vos interlocuteurs, que ce sont les coups frappés le plus proche du centre qui comptent avant tout.

Maitrisez-vous la cible de Graham ? Faites le test !

La vice-présidente d'une entreprise qui vend du matériel électronique présente à une équipe régionale son nouveau plan pour booster les ventes du produit phare de l'entreprise, les ventes étant en berne depuis quelque temps. La présentation de la vice-présidente terminée, tout le monde applaudit poliment, personne ne pose de questions et la vice-présidente rentre au quartier général.

Après son départ toutefois, les langues se délient.

Lisez chacune des réactions ci-après et essayez de les placer sur la cible de Graham.

A Purée, que son ton était arrogant ! ○○○○○○○○

B Elle a dit que les ventes sont faibles parce que nous ne nous adressons pas au bon public. Mais c'est pas vrai, c'est juste que la compétition est devenue plus sévère ! ○○○○○○○○

C Moi je trouve son plan très ambitieux et puis il était temps que quelqu'un propose quelque chose ! ○○○○○○○○

D Dites, vous avez vu le film sur TF1 hier ? La fin était tellement émouvante, j'y ai pensé toute la nuit ! ○○○○○○○○

E La stratégie de la vice-présidente ne va jamais marcher ! ○○○○○○○○

F Ce n'est pas pour rien que par le passé les femmes restaient au foyer et s'occupaient des enfants – ce qu'elles faisaient très bien – pendant que nous, les hommes, nous occupions d'autres choses. Moi, je dis c'est une erreur d'avoir une femme comme vice-présidente. ○○○○○○○○

G La vice-présidente est aussi idiote que son plan ! Que nous nous trompions de public ou pas n'est pas le souci. Le problème de son plan, c'est qu'elle souhaite que nous utilisions des techniques qui ont fait leurs preuves auprès des consommateurs citadins, mais qui ne marcheront pas pour les consommateurs ruraux que nous avons ici, car ces derniers s'informent via des médias différents et davantage traditionnels. ○○○○○○○○

Correction

A Purée, que son ton était arrogant !

Il s'agit d'une attaque sur la forme du propos. Le ton était peut-être arrogant, le faire remarquer publiquement après le départ de la vice-présidente n'aura pas d'autre effet que de la décrédibiliser sans même s'intéresser à son message de fond. Un chaton est mort.

B Elle a dit que les ventes sont faibles parce que nous ne nous adressons pas au bon public. Mais c'est pas vrai, c'est juste que la compétition est devenue plus sévère !

Il y a eu cette fois citation de la vice-présidente… puis réfutation. Nous ne sommes pas au centre, mais presque. La personne a ici réfuté un point secondaire, ce qui est très bien !

C Moi je trouve son plan très ambitieux et puis il était temps que quelqu'un propose quelque chose !

La personne a dans cet exemple exprimé son « accord » avec la vice-présidente. La cible de Graham concernant le désaccord uniquement, il n'est pas possible de placer la personne dessus. Il serait certainement possible de faire une sorte de cible complémentaire à la cible de Graham qui représenterait une hiérarchie des façons d'exprimer son accord avec les autres, dans ce cas une façon d'exprimer son accord sans argumentation, mais je n'y vois qu'un intérêt très limité à ce stade de mes réflexions.

D Dites, vous avez vu le film sur TF1 hier ? La fin était tellement émouvante, j'y ai pensé toute la nuit !

Ceci n'a carrément rien à voir avec la vice-présidente ou sa présentation.

E La stratégie de la vice-présidente ne va jamais marcher !

Contradiction sans argumentation. Nous faisons du surplace, mais au moins aucun chaton n'a été blessé pendant le tournage du film.

F Ce n'est pas pour rien que par le passé les femmes restaient au foyer et s'occupaient des enfants – ce qu'elles faisaient très bien – pendant que nous, les hommes, nous occupions d'autres choses. Moi, je dis c'est une erreur d'avoir une femme comme vice-présidente.

Attaque sur la personne. On se fiche que la vice-présidente soit une femme, un homme ou un chat. Inquiétons-nous de ce qu'elle dit, pas de son sexe ou de son décolleté.

G La vice-présidente est aussi idiote que son plan ! Que nous nous trompions de public ou pas n'est pas le souci. Le problème de son plan c'est qu'elle souhaite que nous utilisions des techniques qui ont fait leurs preuves auprès des consommateurs citadins, mais qui ne marcheront pas pour les consommateurs ruraux que nous avons ici, car ces derniers s'informent via des médias différents et davantage traditionnels.

Cet exemple est un peu plus difficile, car il nécessite de décomposer le message en deux morceaux. La première partie est une simple insulte, tandis que la seconde partie frappe dans le mille, identifiant et réfutant ce qui semble être le point central de la vice-présidente. Si vous aviez correctement réussi à faire cette décomposition, bravo ! À retenir de cette réaction : tout sauf la première phrase. Retenons de nos échanges avec les autres leurs meilleurs arguments, pardonnons-leur le reste.

ORIGINES DE LA CIBLE

Avant de continuer notre voyage dans l'art du débat, revenons aux origines de la cible.

HOW TO DISAGREE ?

En mars 2008, l'informaticien Paul Graham publie sur son blog un essai intitulé *How to Disagree*[1], dans lequel il classe différentes manières d'exprimer son désaccord selon une hiérarchie pyramidale. Il explique que la forme de la pyramide reflète la fréquence avec laquelle les différentes formes de désaccord sont utilisées sur Internet. L'insulte, au bas de la pyramide, est de loin la plus fréquente selon lui.

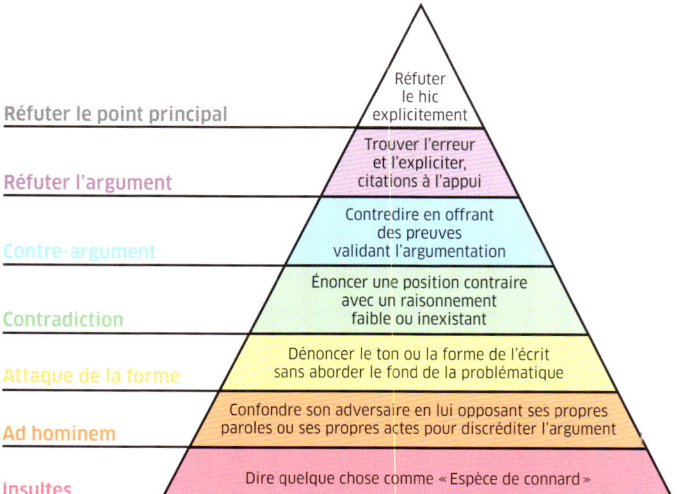

1. http://www.paulgraham.com/disagree.html

Dix ans plus tard, sa pyramide est devenue une référence, largement diffusée et utilisée par ceux qui défendent la pensée critique et le mieux débattre. Cependant, en février 2019, après un partage de la pyramide sur Twitter par Christophe Michel, le développeur web Bruno J. S. Lesieur réagit : « Je trouve que la représentation sous forme de pyramide laisse croire que les niveaux du dessous sont les fondations pour porter les niveaux du dessus (comme pour Maslow), ce qui n'est pas l'idée. Une représentation sous forme de cible me semble plus pertinente ! »

À la même époque, j'avais entrepris une modernisation du dessin de la pyramide, définissant au passage une limite en rouge vif séparant le débat nécessitant d'être mis en pause du débat où tout se passe bien. Bien qu'ayant eu son succès sur les réseaux, cette nouvelle version ne m'a, à l'époque, pas satisfait.

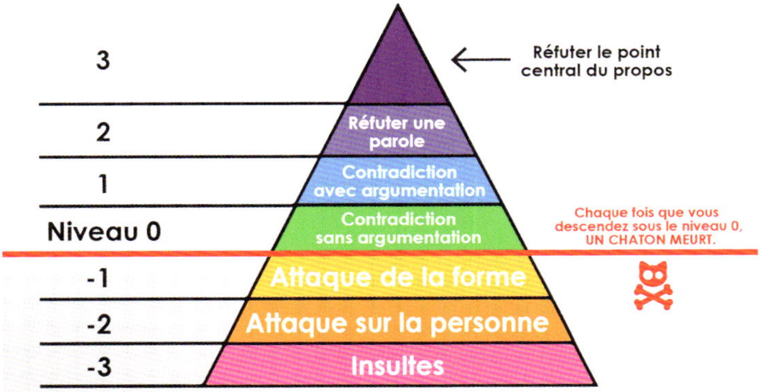

Ayant vu le tweet de Bruno J. S. Lesieur et poussé par Christophe Michel, lui-même séduit par l'idée d'une cible plutôt qu'une pyramide, j'ai ainsi conçu ce qui allait être le sujet du présent livre. Outre sa forme, la cible se distingue par sa couronne la plus extérieure correspondant à l'agression physique qui n'a pas d'équivalent dans la pyramide de Graham. Certains internautes se sont amusés de cet ajout, suggérant davantage de niveaux : en cas de désaccord avec quelqu'un, pourquoi s'arrêter à l'agression physique ? Voici quelques-uns des exemples reçus :

– 5 points : on bousille aussi son appartement.
– 6 points : on rase sa ville.
– 7 points : on envahit son pays.
– 8 points : destruction de l'Univers dans lequel il vit.

L'ajout de toutes ces couronnes aurait toutefois été une trop grande source de distraction. Mon but est d'attirer le regard vers le centre de la cible et non vers les extrémités.

FEU ROUGE

Paul Graham n'a jamais donné de code couleur pour sa pyramide et il me semble avoir été le seul à réfléchir au sujet. Particulièrement sensible aux couleurs des choses, je me suis notamment attaché à la dualité rouge-vert, très ancrée dans la culture occidentale. Le rouge y est perçu comme la couleur de l'interdit et le vert est associé à la nature, à la sécurité et au calme. Le choix du noir pour la couronne la plus extérieure n'est pas non plus anodin. Le noir en Occident est chargé de signification et symbolise l'autorité, l'élégance et surtout… la mort[2].

Le choix d'une séparation rouge vif entre les couronnes extérieures et l'intérieur de la cible a généralement été bien reçu, mais son placement ne fait pas l'unanimité. Certains estiment qu'elle devrait être plus sévère, excluant la contradiction sans argumentation. D'autres, au contraire, pensent qu'elle devrait être relaxée, englobant l'attaque sur la forme. Pour quelques-uns, comme Christophe Michel, la séparation dénature le travail original de Paul Graham et ils préfèrent la supprimer. Pour ma part, je considère que de l'attaque sur la forme à l'agression physique, des chatons meurent. Pour le dire autrement : si en plein débat quelqu'un frappe la cible au-delà du cercle rouge, il faut marquer une pause et rediscuter des règles du débat, car le risque d'une escalade vers la couronne la plus extérieure devient bien trop grand à mes yeux.

2. Je recommande la lecture du livre *Le Petit Livre des couleurs*, de Michel Pastoureau, dans lequel ce dernier retrace la passionnante histoire des couleurs, depuis le rouge vif plébiscité par les Romains il y a 2000 ans jusqu'à l'omniprésence du bleu dans l'Europe d'aujourd'hui.

PARTIE II

LE FESTIVAL DU SOPHISME

Cher lecteur ou chère lectrice, mauvaise nouvelle : la cible de Graham peut facilement être exploitée par des personnes malveillantes. En la détournant, il est soudainement très facile de ne tirer des flèches que dans le mille ou juste à côté du mille et ce sans se fatiguer. Certains sont d'ailleurs champions de cet art, voici un exemple fictif.

DÉTOURNEMENT DE « FOND »

À l'approche des élections, Médor, un politicien populiste que Félix a toujours détesté, présente son nouveau programme. Décidé à mettre des bâtons dans les roues de ce dernier, Félix partage au monde le texte suivant sur Facebook : « Avez-vous lu le nouveau programme de Médor ? Il y dit que tous les chats rayés sont des terroristes ! Pourtant, je connais des chats rayés qui ne le sont pas. Bravo pour la généralisation abusive. » Techniquement, il s'agit d'un exemple d'impact sur la cible de Graham presque dans le mille. Félix a cité un dire arbitraire de Médor et l'a ensuite réfuté. Pas d'insulte, pas d'attaque sur la forme ou sur la personne ni même de contradiction sans argumentation.
Pas mal, Félix. Au détail près que Médor n'a jamais écrit, ni même sous-entendu que tous les chats rayés seraient des terroristes dans son programme. En fait, Félix n'a même pas lu son programme. Cependant, son message dénonciateur a reçu beaucoup d'attention et de nombreux internautes

en ont profité pour déverser leur haine tout en félicitant Félix d'avoir relevé l'odieux passage dans le programme de Médor : « J'en reviens pas de ce qu'il a écrit sur les chats rayés ! J'espère que quelqu'un lui réglera son compte » – Tigrou, en réaction au texte de Félix. D'autres, moins virulents, ont bien sûr fait remarquer que le politicien dénoncé ne s'est jamais risqué à déclarer dans son programme ou ailleurs que les chats rayés sont des terroristes. Félix a pris soin de bloquer les quelques concernés au fur et à mesure de leur apparition et de tout faire pour que leur voix ne soit pas entendue.

Afin de forcer le passage vers le centre de la cible de façon illégitime, une excellente manière de procéder consiste à s'assister d'un ou plusieurs sophismes. Dans l'exemple fictif, Félix a usé d'un des plus vieux au monde, celui de l'homme de paille.

Dans la Grèce antique, les sophistes enseignaient l'éloquence et l'art de la persuasion. Leur but était de persuader coûte que coûte l'audience, qu'il s'agisse d'une assemblée, d'un jury lors d'un procès ou simplement de leur famille. Les sophistes ne s'embarrassent pas de considérations quant à l'éthique, la justice ou la vérité. Pour eux, seule compte l'efficacité persuasive, ce qui a poussé au développement de raisonnements qui paraissent convaincants et cohérents à première vue, mais qui ne le sont pas forcément lorsqu'on prend la peine de creuser les arguments : ce sont des sophismes. À l'origine, l'appellation n'a pas été considérée comme injurieuse, mais les choses ont progressivement changé à mesure que leurs détracteurs se sont multipliés [1]. Ce qu'il faut retenir, c'est qu'un sophisme est une argumentation à la logique fallacieuse. C'est un raisonnement qui cherche à paraître rigoureux, mais qui n'est pas valide en réalité. Attention, il nous arrive parfois d'utiliser sciemment des sophismes, mais également sans le vouloir. De nombreuses personnes de bonne foi les utilisent au quotidien sans le réaliser. Toutefois, les sophismes font toujours barrage à la vérité sur le long terme. Qu'ils soient utilisés pour convaincre un interlocuteur de quelque chose démontré vrai par le passé avec de bons arguments ou pour la bonne cause, ce n'est qu'une question de temps avant un retour de manivelle, car les sophismes permettent de défendre tout et leur contraire. Banaliser leur utilisation pour convaincre votre interlocuteur que A est bien et B est mal, c'est prendre le risque qu'il retourne le sophisme contre vous pour défendre C et attaquer D, vous mettant dans une position délicate si la bonne réponse est D. En essayant de corriger votre interlocuteur, vous risquez de perdre la face puisque vous serez obligé de reconnaître que votre défense de A n'était en fait pas valide.

1. Platon était l'un de leurs détracteurs les plus célèbres.

Les arguments fallacieux, qu'ils défendent quelque chose de correct ou de faux, doivent être utilisés le moins possible afin de maximiser vos chances de voir le monde tel qu'il est et d'en percer les secrets. Un argument valide, même peu efficace pour faire changer les gens d'avis est toujours préférable à un argument efficace, mais invalide sur le long terme. Dans la suite de ce livre, nous allons répertorier quelques-uns des sophismes les plus courants dans l'espoir de les reconnaître plus facilement, de ne pas être dupés, mais également pour ne plus les utiliser nous-mêmes.

1

L'ÉPOUVANTAIL OU HOMME DE PAILLE

Utilisé depuis des millénaires, le sophisme de l'homme de paille consiste à présenter la position de son adversaire de façon erronée pour mieux le confondre. L'expression désignant cet argument fallacieux est tirée d'une technique d'entraînement au combat contre un mannequin de paille représentant l'adversaire. Plutôt que d'affronter son adversaire directement, la personne faisant usage de ce sophisme va construire une réplique affaiblie de ce dernier, la vaincre puis déclarer qu'il n'y a pas de différence entre la réplique et l'adversaire. Dans sa forme la plus extrême, l'auteur d'un homme de paille veillera à réprimer par l'intimidation, la censure ou la force les contestations de son adversaire. La victime pourra nier : « Mais enfin je n'ai jamais dit ça ! » Mais l'auteur de l'homme de paille lui répliquera avec mauvaise foi : « Tu n'as pas dit ça, mais tu l'as pensé très fort et je n'ai fait qu'interpréter tes paroles. » ; voire mentira comme suit : « Mais si ! Tu as dit ça ! »

Pour un homme de paille réussi, différentes façons de procéder sont possibles, en voici quelques-unes. L'une des premières approches consiste à ne se focaliser que sur une partie des arguments de son interlocuteur et de réfuter cette partie comme si nous réfutions l'ensemble des arguments de l'interlocuteur. Cette approche peut aussi être décrite ainsi : on frappe juste à côté du centre de la cible de Graham, mais on essaye de faire croire qu'on a en fait tapé dans le mille, c'est-à-dire qu'on essaye de faire croire que la thèse centrale de son interlocuteur a été réfutée et non pas juste une parole plus ou moins arbitraire.

Il est également possible de reprendre la thèse adverse en l'élargissant hors de ses limites naturelles, en lui donnant un sens aussi général, large et exagéré que possible, tout en maintenant les limites de ses propres positions aussi restreintes que possible. Il faut ensuite frapper la représentation exagérée de notre adversaire ou attendre qu'un complice le fasse pour vous.

Troisième possibilité : à la manière de Félix, nous pouvons présenter une fausse déclaration et la réfuter en prétendant qu'il s'agissait de la position originale de notre interlocuteur.

Enfin, il est aussi possible d'inventer un personnage de fiction avec des actions ou des croyances que l'on peut facilement critiquer et prétendre que cette personne est représentative du groupe que l'on critique.

FÉRU DE PAILLE

Voici maintenant quelques exemples concrets d'hommes de paille.

Deux candidats à la présidence d'un pays débattent. Le premier annonce : « Si je suis élu, je veillerai à ce que les hôpitaux soient mieux financés. » Le second pointe alors un doigt accusateur vers son adversaire : « Ah ! Les masques tombent ! Mon adversaire déteste tellement ce pays qu'il veut réduire les dépenses militaires et nous laisser sans défense ! » Le premier candidat n'a pourtant jamais dit qu'il allait réduire les dépenses militaires pour refinancer les hôpitaux, ni qu'il détestait son pays ou qu'il comptait le laisser sans défense.

Dans un autre registre, un astrologue déclare : « Les adversaires de l'astrologie prétendent que les astres n'ont pas d'influence sur nous. Allez donc demander aux marins si la Lune n'a pas d'influence sur les marées ! » Les adversaires de l'astrologie ne prétendent pas en général que les astres n'ont aucune influence sur quoi que ce soit et certainement pas que la Lune ne cause pas les marées.

Un nouveau film dans lequel seules des femmes jouent sort dans les salles. David qui l'a vu poste sur Twitter la critique suivante : « Le film est épouvantable. Le scénario semble avoir été écrit par un enfant de 10 ans, les décors et effets spéciaux nous ramènent 20 ans en arrière sur le plan technique et les actrices manquent toutes de conviction. » Sa critique reçoit alors la réponse suivante (inspirée d'un tweet réel) : « C'est marrant parce qu'en fait le film est 100 % féminin et David, tu vois, il aime pas les femmes. Mais bon, enfin, c'est trop marrant d'être misogyne donc je comprends pourquoi sa critique de merde a tant de succès. » La critique de David portait sur le jeu des actrices et le film en général, son avis sur les femmes n'était pas en question. Quand bien même il serait misogyne, son tweet seul n'est pas suffisant pour le déterminer.

2

L'APPEL À LA TRADITION

Également appelé argument d'historicité ou pompeusement *argumentum ad antiquitatem*, l'appel à la tradition utilise l'ancienneté d'une pratique ou d'une idée, sa distance temporelle avec nous, pour la valider. Le site cortecs.org résume ainsi cet argument : X = b est une idée très ancienne donc X = b est vrai. Il est assez facile d'identifier les limites de cet argument qui peut être utilisé pour défendre quelque chose et son contraire. Ainsi, quelqu'un défendant la prohibition de l'alcool avec un argument du genre : « Cela fait des siècles que c'est comme ça dans le pays, je ne vois donc pas pourquoi on changerait », pourra utiliser exactement le même argument dans un univers alternatif où la consommation d'alcool est cette fois autorisée chez les mineurs depuis des siècles, lui permettant de défendre le droit des mineurs à boire.

QUELQUES EXEMPLES D'APPELS À LA TRADITION

Un candidat à la présidence souligne que le mariage a toujours été fait entre un homme et une femme dans le pays. Il promet, s'il est élu, de s'opposer à tout changement, soucieux de défendre une tradition millénaire. Pour autant, que le mariage ait toujours été effectué entre un homme et une femme dans le pays du candidat ne signifie pour autant pas que cette exclusivité des noces soit une bonne idée. Le candidat d'un pays fictif où seul le mariage entre personnes de même sexe serait autorisé depuis des millénaires pourrait utiliser exactement le même argument pour s'opposer au mariage entre personnes ayant un sexe différent.

Denis Saverot, directeur de la rédaction de *La Revue du vin de France* (l'un des magazines les plus importants sur le sujet), est un habitué des attaques sur les instances de santé publique lorsqu'elles osent souligner les ravages de l'alcool sur nos sociétés et sur la santé des gens en général. Dans un édito publié en janvier 2020, il écrit d'ailleurs : « Il faut réagir, cesser de financer ces associations parasites qui préconisent la ruine de notre secteur viticole, le reniement de notre culture. »

Denis Saverot est également un sophiste accompli. Son appel à la tradition le plus récent a été publié sur Twitter : « Ouvrez un livre de médecine : jusqu'en 1914, 60 % de la pharmacopée était à base de vin ou d'alcool. Vous croyez que nos anciens se sont trompés pendant 2000 ans ? » Pour démontrer la fausseté de l'argument, nous pouvons simplement faire remarquer que de nombreuses cultures passées ont validé l'esclavage durant des siècles, voire des millénaires. Nous vivons aujourd'hui à une époque où les droits de l'homme sont solidement ancrés dans les mentalités. L'abolition de l'esclavage suggère, au moins implicitement, que les anciens s'étaient trompés sur le sujet. Denis Saverot devrait donc douter, ne serait-ce qu'un peu, de la médecine des anciens et de leurs remèdes : on y trouve sûrement de fameuses bêtises. Le fait que jusqu'en 1914,

60 % de la pharmacopée était à base de vin ou d'alcool n'est pas une raison solide pour en boire aujourd'hui. Cependant, il ne faut pas confondre le rejet de l'appel à la tradition avec le rejet de la tradition tout court. Certaines traditions sont soutenues par de très bons arguments et justifient ainsi pleinement leur existence. Pendant longtemps et encore aujourd'hui, diverses ethnies amérindiennes d'Amérique du Nord et d'Amérique centrale se nourrissaient principalement du couple maïs-haricot rouge. Une simple tradition ? Ce serait une mauvaise manière de le justifier. Une très bonne justification en revanche est la suivante : « Par essai-erreur, nos ancêtres se sont rendu compte que cette paire offrait tous les apports nécessaires en acides aminés essentiels. Si nous changeons notre base alimentaire, il s'agit de s'assurer que nous n'allons pas être carencés. Je préfère ne pas prendre de risque et continuer comme nous avons toujours fait. » En effet, dans les pratiques alimentaires traditionnelles ne comportant pas de produits animaux, les repas principaux comportent souvent une combinaison de protéines végétales, la plupart du temps une paire céréale-légumineuse compensant le déficit de l'autre en un ou plusieurs acides aminés bien particuliers. Ces couples peuvent varier selon les zones géographiques. On retrouve ainsi l'association blé dur-pois chiche en Méditerranée, avoine-pois en Europe du Nord, maïs-haricot rouge en Amérique centrale et riz-lentille en

Inde. Ces paires ont cependant peu de pertinence dans le cadre des pratiques alimentaires modernes où les protéines d'origine animale sont en surabondance (une nouveauté dans l'histoire de l'humanité). Nous courons peu de risque de carence en acides animés en abandonnant la tradition céréale-légumineuse dans le monde actuel. La tendance en Occident étant à manger moins de viande, voire à bannir la viande de l'assiette, nous pouvons prédire toutefois un retour en force des plats basés sur ce type de paires dans les années à venir.

C'ÉTAIT MIEUX ~~AVANT~~ APRÈS

L'appel à la tradition possède un contraire, tout aussi fallacieux : l'appel à la nouveauté ou *argumentum ad novitatem*, qui soutient que le caractère novateur d'une idée ou d'une pratique en garantit la validité. Le raisonnement est cette fois : X = b est une idée inédite donc X = b est vrai. Dans notre société moderne où la majorité des gens cherche à être à la pointe de la technologie, l'appel à la nouveauté est particulièrement banalisé, en témoignent les nombreuses publicités vantant les mérites de nouveaux smartphones quand bien même les nouvelles versions apporteraient des améliorations mineures. Il arrive aussi qu'un produit soit lancé sans aucun changement par rapport à la version précédente hormis sa forme et son emballage.

Progrès et appel à la nouveauté

De la même manière qu'il ne faut pas confondre appel à la tradition et tradition, il ne faut pas mélanger appel à la nouveauté et progrès : opposons-nous à ceux qui justifient tout sur la seule base que « c'est nouveau », pas au progrès en général. Si une innovation apporte réellement une plus-value comparée à la situation précédant l'innovation, il s'agit de souligner cette plus-value.

Ainsi, on voit souvent apparaître sur les étiquettes de produits alimentaires la mention « Nouvelle recette ! » ou « Nouveau : plus de goût ! » ou « Recette améliorée ». Mais selon une association de consommateurs allemande[2] qui a réalisé le suivi de 17 produits pendant plusieurs années, parfois même une décennie, il semble que derrière ces mentions se cache la plupart du temps une réduction de la teneur en ingrédients coûteux au sein du produit. Une nouvelle recette de confiture contiendra généralement plus de sucre et moins de fruits que la précédente. Ces mentions semblent donc être des écrans de fumée destinés à vendre au même prix un produit de moins bonne qualité. Certains fabricants poussent parfois le culot jusqu'à augmenter le prix en parallèle d'une mention du type « Encore plus de goût ! » qui n'annonce pourtant qu'une baisse de la qualité. De nombreux exemples d'appels

2. Voir vzhh.de

à la nouveauté se trouvent dans la publicité, en voici quelques versions : « Pour perdre du poids, les derniers régimes sont les meilleurs » ; « Nouvelle direction depuis le 1er janvier ! » (typiquement affiché à l'entrée d'un restaurant, d'un carwash, d'un cinéma).

Au niveau politique, on observe un phénomène similaire. Un nouveau ministre de l'Éducation, par exemple, cherchera presque systématiquement à réformer le système éducatif et à faire passer l'idée que sa réforme, forcément novatrice, contribuera à une plus grande efficacité du système. En réalité, à force de défaire, il est tout à fait possible que le résultat final soit une dégradation de la situation.

3

L'APPEL AU LOCAL

L'appel au local est un sophisme qui consiste à justifier la plus-value d'un produit par sa proximité géographique. Dans le contexte de lutte contre le réchauffement climatique et des peurs de plus en plus fortes pour notre avenir collectif, ce sophisme est particulièrement difficile à expliquer. Les réactions sont souvent les mêmes : « Mais tu ne peux quand même pas nier que consommer local permet de réduire le transport de marchandises et donc les émissions de CO_2 ! » Consommer de manière locale pour réduire les émissions de CO_2 est valide et ne constitue pas un exemple d'appel au local.

L'appel au local consiste en fait à justifier que consommer local est bien, non pas parce que cela réduit les émissions de CO_2 mais parce que c'est forcément mieux ou meilleur quand ça vient de chez nous. C'est faux, et il faut être bien naïf ou chauvin pour croire ça ! Le Belge que je suis le sait d'ailleurs très bien : si les chocolats dans mon pays sont excellents, il n'en demeure pas moins que de nombreux chocolats en France, Allemagne, Royaume-Uni ou Suisse le sont tout autant. Afin d'éviter le sophisme de l'appel au local, il faut trouver une justification valide à vouloir mettre le produit local sur un piédestal, par exemple, vouloir réduire les émissions de CO_2. Nous pouvons également procéder à des tests en aveugle pour comparer, d'un côté, des fraises locales et, de l'autre, des fraises en provenance des quatre coins du monde afin de comparer leur goût. Si les fraises locales ressortent gagnantes, on pourra alors les déclarer supérieures, pas parce qu'elles sont locales, mais parce que tout le monde en préfère le goût.

LES FRUITS EXOTIQUES

L'appel au local possède également son contraire : l'appel à l'exotisme. De la même manière qu'une grande distance temporelle d'une chose par rapport à nous n'est pas un critère fiable de qualité ou de véracité, la distance géographique et culturelle d'une chose ne l'est pas davantage. Toutes les cultures peuvent se tromper : les Mayas pratiquaient des sacrifices humains, la société indienne est divisée en des castes très sévères à l'origine d'inégalités inacceptables, le machisme est intrinsèque à de nombreuses cultures à des milliers de kilomètres de nous, etc. Ce qu'il convient de faire, c'est d'analyser chaque culture ou civilisation de façon objective afin d'en adopter les plus belles réussites et d'en rejeter les plus gros échecs.

Ceci n'empêche pas l'appel à l'exotisme d'être utilisé un peu partout. Les praticiens de médecines alternatives l'utilisent souvent en combo avec un appel à la tradition. C'est parfois le cas de l'acupuncture décrite comme « une pratique issue de la médecine traditionnelle chinoise [appel à l'exotisme], utilisée depuis des millénaires [appel à la tradition]. »

Le plus impressionnant reste ces gens qui tantôt usent d'un appel au local pour justifier certaines choses, tantôt d'un appel à l'exotisme pour d'autres, et ce de façon complètement arbitraire, bien qu'ils ne le réalisent pas.
Cela donne des choses du genre : « Pourquoi vouloir regarder un film américain alors qu'il y a des films bien de chez nous à regarder ? » [appel au local] et quelques instants après : « Essaye ce médicament ! Il est issu de la médecine orientale ! » [appel à l'exotisme] Pour montrer à quel point ces déclarations sont creuses, les revoici avec une inversion des sophismes : « Ce film ne vient pas de n'importe où, c'est un film américain ! » [appel à l'exotisme] puis : « C'est un médicament bien de chez nous, développé par les laboratoires Boiron. Tu m'en diras des nouvelles » [appel au local].

4

L'APPEL À LA POPULARITÉ

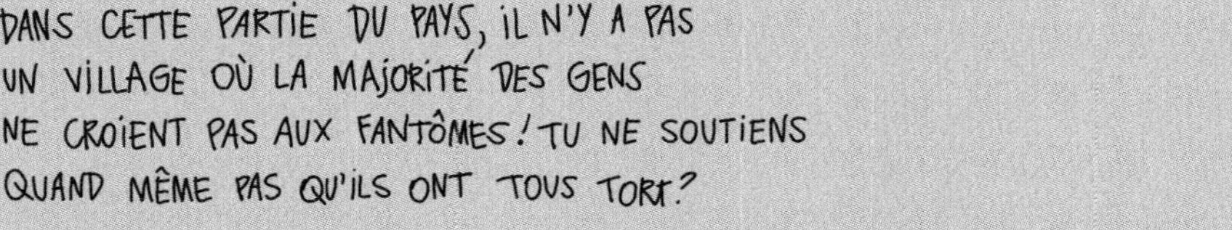

Aussi vieux que l'homme de paille, le sophisme de l'appel à la popularité est frappant en raison de sa simplicité. Il consiste à défendre une position, une thèse, une idée ou une religion sur la simple base que beaucoup de personnes y adhèrent.

Aux États-Unis et selon Gallup, 30 % des adultes sont en possession d'une arme à feu en 2017, soit environ 80 millions d'Américains. C'est beaucoup, et de nombreux défenseurs du droit de porter des armes aux États-Unis se risquent régulièrement à faire des déclarations du genre : « Vous savez quoi ? 80 millions d'Américains ne peuvent pas avoir tort ! »

En France, avant que le déremboursement de l'homéopathie ne soit validé, de nombreux homéopathes ont utilisé une quantité impressionnante de sophismes pour défendre leur pratique et tenter de faire barrage à ce déremboursement. Le site monhomeomonchoix.fr (Dérembourser l'homéopathie ? Nous ne sommes pas d'accord !) met en avant les arguments ci-après.

1. « Parce que l'homéopathie vous accompagne sans risque chaque jour, depuis des générations » : ce premier argument est un appel à la tradition. Il n'est donc pas recevable.
2. « Parce que vous êtes 3 Français sur 4 à avoir déjà pris de l'homéopathie » : appel à la popularité.
3. « Parce que l'homéopathie, en complément, permet de mieux supporter des traitements lourds. 20 % des

patients atteints de cancer ont recours aux médicaments homéopathiques pour réduire les effets secondaires des traitements anticancéreux » : la première phrase est recevable mais il faut creuser l'affirmation ; la seconde phrase, elle, peut être vue comme un complément d'information ou comme un appel à la popularité.

4. « Parce que plus d'1,3 million de personnes ont signé pour le maintien du remboursement » : clair appel à la popularité. C'est creux.

5. « Parce que chacun est libre de choisir une médecine sûre, prescrite et conseillée par des professionnels de santé. Cette liberté de choix est affirmée par la Charte européenne des droits des patients » : homme de paille ! Ceux qui prônent le déremboursement ne prônent en général pas l'interdiction de l'homéopathie. Les patients auront encore le droit de se soigner à l'homéopathie si elle est déremboursée. Cela risque simplement de coûter un peu plus cher ou de forcer les laboratoires Boiron à baisser leurs marges afin que les prix ne changent pas ou peu.

L'appel à la popularité constitue également une technique marketing de base. Pour améliorer les ventes d'un livre par exemple, rien de tel que de coller dessus un sticker soulignant un nombre déjà impressionnant de ventes. Exemple : on annonce sur le livre du docteur Frédéric Saldmann intitulé *Le meilleur médicament, c'est vous !* que le docteur dispose de déjà plus de 3 millions de lecteurs. Note : si jamais le livre

que vous tenez entre les mains en ce moment se retrouve avec un sticker du genre sur la couverture, sachez que cela se sera produit indépendamment de la volonté de son auteur !
De la même manière, lorsqu'un film sort dans les salles, il sera courant de mettre en avant un nombre impressionnant de personnes étant déjà allées le voir pour vous pousser à le visionner aussi, plutôt que de mettre en avant les qualités du film. Dans sa forme la moins convaincante, on rencontrera l'appel à la popularité dans des situations du genre : « J'ai parlé de notre conflit à mes proches. Ils sont tous d'accord avec moi : c'est toi le problème, pas moi. » Ou encore : « J'ai fait un sondage en ligne auprès de ceux qui me suivent sur Twitter. La majorité pense que ton hypothèse de base est fausse. J'en conclus que tu dois revoir ta copie[3]. »

VOIE SANS ISSUE

Pourquoi l'appel à la popularité est-il une voie de garage dans notre quête de vérité ? Dans le premier exemple, la statistique concernant la possession des armes à feu aux États-Unis induit que 70 % des Américains n'en détiennent pas. Dire que 80 millions d'Américains adultes ne peuvent pas avoir tort, c'est donc sous-entendre qu'un nombre encore plus grand, dépassant les 100 millions, se trompent !

3. Dans ce livre, le mot « majorité » se référera toujours à plus de 50 % des concernés.

Si la vérité est à chercher dans le plus grand nombre, ne serait-il pas logique de creuser les choses chez les plus de 100 millions d'Américains sans armes ?
De la même manière, la religion comptant actuellement le plus de fidèles sur Terre est la religion chrétienne, avec 2,4 milliards de fidèles en 2015. Cependant, avant de vous convertir, considérez que 4,6 milliards de personnes, en 2015, n'étaient pas chrétiennes. En fait, aucune religion en particulier n'a réussi à convaincre une majorité des habitants de la planète de se plier à son dogme. La seule chose que l'on peut dire, c'est qu'il y a une majorité de croyants.
Même en usant l'appel à la popularité avec un peu de rigueur mathématique de sorte à toujours se ranger du côté de la majorité quand il y en a une, reste le problème qu'une majorité de personnes peut bien sûr se tromper quand même. Si 3 Français sur 4 déclarent que la Terre est plate, cette dernière ne le sera pas pour autant. Évaluer la véracité de quelque chose sur la simple base qu'une majorité de gens y adhèrent est dangereux et garantit de régulièrement s'aventurer sur une voie de garage. Méfiez-vous de la fameuse sagesse populaire et ne croyez jamais que se ranger systématiquement dans le camp de la majorité vous rapprochera de la vérité sur ce monde. Ceci ne signifie bien sûr pas que la majorité à tort sur tout. Croire cela est tout aussi fallacieux que l'inverse.

5

L'APPEL À LA NATURE

En 2016, la blogueuse Vani Hari nous dit à propos de la sûreté des substances présentes dans la nourriture : « Si un enfant ne peut pas en prononcer le nom, mieux vaut repousser l'assiette. »

De tous les sophismes courants, s'il y en a bien un qui persiste, c'est celui de l'appel à la nature et il pourrait probablement faire l'objet d'un livre à lui tout seul. Omniprésent dans notre quotidien, il ne se passe pas une semaine, pas un jour, sans que nous y soyons confrontés, via une publicité vendant un objet étiqueté « naturel » ou un proche qui, avec les meilleures intentions du monde, vante les mérites d'une médecine plus naturelle pour se soigner. L'appel à la nature consiste à défendre un objet ou une idée pour son caractère naturel. Dans sa forme la plus extrême, il dévalorise activement les choses perçues comme non naturelles, c'est-à-dire chimiques et artificielles. La logique est la suivante : « Ce qui est naturel est bon, N est naturel donc N est bon ; ce qui est chimique est mauvais, C est chimique donc C est mauvais. » Le 3-glucoside de pélargonidine, par exemple, fait froncer les sourcils des adeptes du naturel lorsqu'ils le lisent sur une étiquette. Si nous remplacions ce nom barbare par sa description, nous lirions « colorant rouge naturellement présent dans de nombreux fruits dont les fraises ». Là ça passe, démontrant à quel point les détracteurs approchent les choses de façon superficielle, à l'instar de Vani Hari et de sa méthode simpliste pour décider si oui ou non il faut repousser une assiette remplie.

En Belgique, au moins, nombreux sont ceux qui ont une vision romancée de la nature et de ce qui est naturel. Quoi de plus affreux et stressant qu'un centre urbain, qu'une zone industrielle ou qu'une autoroute et sa pollution ? Beaucoup sont nostalgiques d'une époque pas si lointaine où l'être humain aurait, semble-t-il, vécu en harmonie avec la nature, tout simplement, la majorité des familles cultivant la terre pour subvenir à leurs besoins et ce en quasi-autarcie. Pourtant, contrairement à ce que beaucoup se plaisent à croire, l'humanité ne vivait pas en équilibre avec la nature par le passé : elle mourrait en équilibre avec la nature par le passé. Jusqu'à la révolution industrielle, la moitié des enfants de moins de 15 ans mourraient avant d'atteindre cet âge. L'estimation du taux de mortalité des moins de 15 ans loin dans le passé est bien sûr quelque chose de difficile, mais il semble que toutes les tentatives convergent vers 50 % de mortalité environ, peu importe l'époque et la culture étudiée [4]. À titre de comparaison, ce taux de mortalité atteint à l'échelle de la planète environ 5 % aujourd'hui. Dans de nombreux pays, ce taux est déjà passé sous les 1 %, le minimum ayant été atteint en Islande où le taux de mortalité des moins de 15 ans est un

4. Source : ourworldindata.org

petit 0,29 % en 2017, et il n'y a aucune raison de croire que les choses ne vont pas continuer de s'améliorer à court et moyen terme au moins.

MERCI QUI ?

À quoi devons-nous cet incroyable changement et l'explosion parallèle de l'espérance de vie ? À nous-mêmes. À l'industrialisation, la chimie, la science et toutes ces choses qui semblent faire si peur de nos jours. La pollution est un problème bien réel, il n'y a pas que de chouettes choses dans nos cosmétiques, nos aliments, nos produits d'entretien et les centres urbains sont stressants, mais la

nature aussi est dangereuse (ce qui n'est pas une excuse pour ne pas améliorer la qualité de notre alimentation ou rendre nos centres urbains moins stressants). L'être humain est un produit de la nature, celle-ci n'a pas vocation à lui être confortable, à le rendre heureux ou à assurer sa survie. La nature n'est ni bonne ni mauvaise, elle ne réfléchit et ne juge pas. De nombreux produits naturels (végétaux, fruits, champignons) contiennent des composés toxiques, certains avec des effets cancérigènes. Que quelque chose soit naturel ou non ne nous renseigne en rien sur son innocuité ou sa supériorité. L'échec persistant de nombreuses personnes à le comprendre aboutit à des fiascos monumentaux au sein de notre société.

Nous pouvons prendre l'exemple de l'agriculture biologique dont l'objectif annoncé est d'améliorer la qualité de notre alimentation tout en diminuant la pression sur notre environnement. Malheureusement, l'objectif n'est à ce jour pas atteint et l'agriculture biologique est, à présent, une idéologie reposant sur l'un des plus gigantesques appels à la nature que je connaisse. Consommateurs et agriculteurs tombés dans le piège vous le diront : les pesticides dits de synthèses sont mauvais. Pourquoi ? Parce qu'ils sont chimiques et artificiels, point. À la place, rien ne vaut les pesticides naturels qui sont déclarés bons. Pourquoi ? Car ils sont naturels, point[5].
Le texte ci-après est extrait du site sciencepop.fr, un site d'information et d'esprit critique : « Les substances utilisées en agriculture biologique [en remplacement des pesticides de synthèse] ne sont pas anodines et contiennent des principes actifs (c'est d'ailleurs bien pour cela qu'on les utilise). Un exemple bien connu est celui de la roténone, qui est un insecticide extrait de plantes tropicales utilisé largement en agriculture bio en France jusqu'en 2011 avant son interdiction par l'Union européenne. Cette décision a été prise suite aux résultats d'études indiquant que la roténone augmenterait le risque de développer la maladie

5. Vous pensiez qu'agriculture biologique signifie zéro pesticide ? Eh bien non ! Même si cela ne signifie pas pour autant que certaines exploitations n'arrivent pas à complètement s'en passer.

de Parkinson chez les rats et peut-être aussi chez l'être humain. Autre exemple, celui de la bouillie bordelaise, un mélange de sulfate de cuivre et de chaux, qui peut entraîner une accumulation de cuivre dans les sols, accumulation toxique pour la biosphère. »

Non seulement les pesticides biologiques sont potentiellement dangereux pour la santé des agriculteurs et pour l'environnement, mais en plus ils sont parfois moins efficaces que ceux de synthèse, ces derniers profitant des progrès en agronomie et en génie chimique. Ironiquement, il n'est donc pas impossible de trouver des exploitations bio qui utilisent plus de pesticides que des exploitations conventionnelles pour obtenir des résultats comparables au niveau de la protection des cultures. Comme le souligne le site sciencepop.fr, les rendements du bio sont en outre inférieurs d'environ 20 % en moyenne à ceux de l'agriculture conventionnelle. Une situation qui pousse donc à augmenter les surfaces cultivées pour rattraper le coup, augmentant la pression de l'homme sur son environnement, ce qui va à l'encontre d'un des objectifs de cette agriculture.

Bien sûr, tout n'est pas à jeter dans l'agriculture biologique et ses objectifs restent louables. Une fin heureuse ne sera toutefois pas possible tant que la chasse idéologique aux pesticides de synthèse sur la seule base qu'ils sont artificiels et donc jugés mauvais continuera. Il faudrait que l'agriculture biologique adopte les meilleurs pesticides possible sur des critères objectifs de performance et d'innocuité pour l'environnement et qu'elle participe activement au génie chimique afin de développer de nouveaux et meilleurs pesticides selon ces critères, plutôt que de dogmatiquement se fermer à ceux jugés « non naturels ».

LA NATURE EST AMORALE

L'appel à la nature, c'est aussi défendre ses positions morales en invoquant l'ordre naturel des choses. Par exemple, certains vous diront : « Je suis contre l'homosexualité : ce n'est pas naturel. » Ou encore : « Oui, cette gazelle souffre, vidée vivante par ce lion. Mais c'est l'ordre naturel des choses, il n'y a donc aucune raison de vouloir changer ça. » Il est toujours surprenant que les gens invoquent l'ordre naturel des choses pour justifier des positions morales, mais refusent de s'y plier lorsqu'ils sont impactés personnellement. Ceux qui invoquent l'ordre naturel lorsqu'ils observent un prédateur dévorer une proie vivante ne sont pourtant pas dérangés par le port de chaussures, l'usage d'un véhicule motorisé, le chauffage central, le frigo ou l'aspirine, autant de choses qui n'ont rien de naturel.

L'appel à la nature pour s'opposer à l'homosexualité est d'autant plus effarant que cette dernière est en réalité omniprésente dans la nature et donc parfaitement naturelle. Bruce Bagemihl, un biologiste canadien, a étudié les relations sexuelles de 1500 espèces et découvert des comportements homoérotiques au sein d'un tiers de ces espèces. Même l'homoparentalité est rencontrée dans la nature, elle est ainsi fréquente chez les cygnes noirs australiens par exemple. Notez que si attaquer l'homosexualité sous prétexte qu'elle n'est pas naturelle constitue un appel à la nature, la défendre sous prétexte qu'elle est parfaitement naturelle serait aussi un appel à la nature ! En fait, que l'homosexualité soit naturelle ou pas, on s'en fiche : cela ne nous fait pas avancer et les débats sur le sujet ne peuvent qu'être creux.

Vouloir aligner ses valeurs morales sur l'ordre naturel des choses est absurde parce que la nature n'est ni morale ni immorale : elle est amorale. Le lion qui mange une gazelle vivante ne le fait sans aucune bonne ou mauvaise intention vis-à-vis de la gazelle. Il veut juste se nourrir. Il en est de même nous concernant chaque fois que nous mettons un morceau de viande dans notre assiette. À la différence du lion dont on ne peut pas attendre qu'il développe soudainement un sens moral et cherche des alternatives à la mise à mort d'animaux pour se nourrir, nous sommes en revanche capables de le faire et ne devrions pas fuir cet exercice sous prétexte que le lion ne le fait pas. Invoquer la nature pour débattre du bien et du mal est une voie de garage. Trouvons d'autres critères afin d'évaluer les mérites des idées des uns et des autres.